W0398392

DEUTSCH FÜR ALLE
1. KLASSE
SPRACHBUCH

Elisabeth Monyk, Patricia Lang

Olympe Verlag GmbH
www.olympe.at

Dieses Buch ist laut Bescheid des Bundesministeriums für Bildung vom 14. September 2017 (GZ BMB-5.000/0021-IT/3/2016) gemäß § 14 Abs. 2 und 5 des Schulunterrichtsgesetzes, BGBl. Nr. 472/86 und gemäß den geltenden Lehrplänen als für den Unterrichtsgebrauch in Neuen Mittelschulen und an allgemein bildenden höheren Schulen – Unterstufe – für die 1. Klasse im Unterrichtsgegenstand Deutsch (Lehrplan 2012) geeignet erklärt.

Schwierige oder für dich neue Wörter sind im Text **orange** markiert und werden in den orange gerahmten Kästchen erklärt.

Aufgaben und Arbeitsaufträge, die du während des Unterrichts – alleine oder mit der ganzen Klasse – lösen kannst, werden mit blauer Farbe hervorgehoben.

Alle Aufgaben sind in zwei Kategorien eingeteilt.

Aufgaben, bei denen du ...
- Fakten, Informationen, Begriffe wiedergibst,
- einfache Verfahren oder Formeln verwendest,
- Informationen anwendest,
- zwei oder mehrere Schritte durchführst,
- dir Lösungswege überlegst

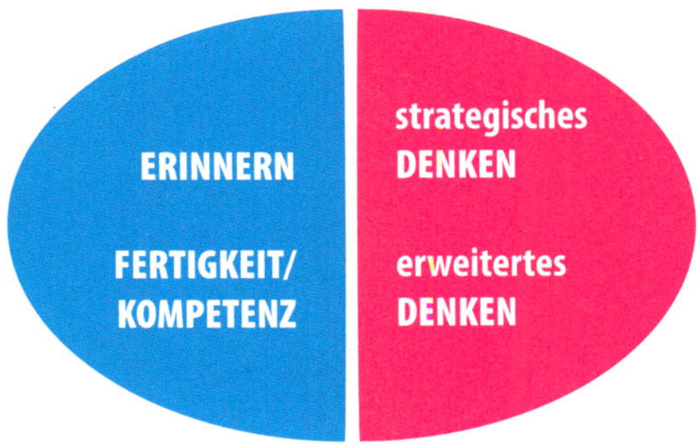

Aufgaben, bei denen du ...
- logisch denkst,
- Pläne und Ideen entwickelst,
- Belege und Daten begründest,
- mehrere Lösungswege zur Verfügung hast,
- untersuchst und erkundest,
- mehrere Faktoren berücksichtigst,
- vernetzt und in Beziehung setzt,
- einen Lösungsweg entwickelst und anwendest

Nun geht's los – Aufgaben für schlaue Köpfe!
Unter diesem Titel findest du an vielen Stellen in diesem Sprachbuch Arbeitsseiten, die du ausfüllen kannst. Diese beziehen sich immer auf das zuvor Gelernte. Die Aufgaben sind mit Sternen (★★★★★) gekennzeichnet, die ausschließlich den Schwierigkeitsgrad der Aufgabe angeben. Je mehr Sterne, desto schwieriger ist die Aufgabe zu lösen.

Folgende Symbole findest du im Buch:

Starte mit dem Lesen!

Unterbrich das Lesen!

Höre aufmerksam zu, was dir dein Lehrer oder deine Lehrerin vorspielt!

Umschlagbilder: Elisabeth Monyk
Schulbuchnummer: 185 241

1. Auflage (2017)

Lektorat: Mag. Krista Satzke, Wien
Umschlaggestaltung, Satz, Layout: Raoul Krischanitz, Wien, transmitterdesign.com
Grafik: Raoul Krischanitz, transmitterdesign.com
Druck, Bindung: Druckerei Berger, Horn
Bildrechte: © Bildrecht/Wien, 2017

ISBN: 978-3-902779-42-7

INHALTSVERZEICHNIS

Personen-beschreibung

Gruselgeschichte

Bildgeschichte

NARRISCH GUATE G´SCHICHTEN

Nacherzählung

ES WAR EINMAL …

Märchen

FERNWEH

Tagebucheintrag

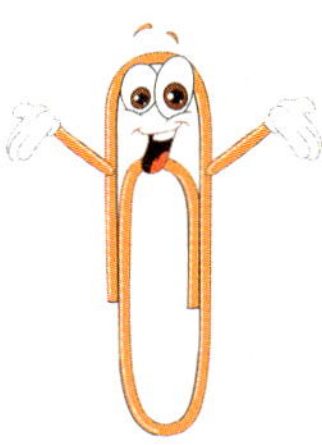

ANHANG

Auch Lernen will gelernt sein

1 **Welcher Lerntyp bist du?** – Wenn du herausfinden möchtest, wie du am erfolgreichsten lernst, fülle einfach diesen Testbogen aus. **Kreuze alle Aussagen an, die auf dich zutreffen!**

Ich erstelle selbstständig eine Tabelle zu einem Sachtext.	☐
Mein Freund und ich fragen uns abwechselnd den Lernstoff ab.	☐
Mein Mitschüler trägt die Gruppenergebnisse der Klasse vor.	☐
Der Lehrer zeigt uns Bilder zum Thema.	☐
Ich gestalte eine Zeichnung zu meinem Lernstoff.	☐
Mein Lehrer erklärt mir, was das Wort bedeutet.	☐
Ich besorge mir eine CD zum Lernstoff, die ich mir anhöre.	☐
Ich bilde eine Lerngruppe.	☐
Ich lerne am besten, wenn ich die Dinge selbst ausprobiere.	☐
Ich besuche zu einem Sachthema eine Ausstellung.	☐
Jemand liest mir die wichtigsten Informationen vor.	☐
Ich notiere mir die wichtigsten Informationen auf einem Zettel.	☐
Ich erkläre meinen Freunden den Lernstoff.	☐
Ich lese stets genau Bedienungsanleitungen.	☐
Um Vokabeln zu lernen, lege ich eine CD ein.	☐
Ich sammle Informationen aus Büchern, Zeitungen oder dem Internet zu einem Thema, klebe diese auf und schreibe noch Notizen dazu.	☐
Ich schaue mir Bilder und Zeichnungen in meinem Schulbuch an.	☐
Ich schreibe die Lernwörter auf einen Zettel.	☐
Ich stelle mir bestimmte Abläufe in Gedanken nochmals vor.	☐
Ich spreche gerne mit Freunden über den aktuellen Lernstoff.	☐
Ich höre im Radio Informationen zu meinem Lernstoff.	☐
Ich suche Bilder und Zeichnungen in Lehrbüchern oder im Internet. Diese helfen mir, den Lernstoff besser zu verstehen.	☐
Meine Lehrerin gibt mündlich erste Informationen zum Thema.	☐
Ich frage nach, wenn ich etwas nicht verstanden habe.	☐

AUSWERTUNG – Welcher Lerntyp bist du?

auditiv: das Gehör betreffend

motorisch: bewegungsmäßig

d.h.: das heißt

visuell: durch das Auge aufgenommen

kommunikativ: das Sprechen betreffend

Auditiver Lerntyp: Hast du überwiegend diese Farbe angekreuzt? Wenn ja, dann kannst du dir am besten Informationen über das Hören merken.

Motorischer Lerntyp: Hast du überwiegend diese Aussagen angekreuzt, so lernst du am besten, wenn du handelst. **D. h.**, wenn du Dinge anfasst bzw. selbst ausprobierst.

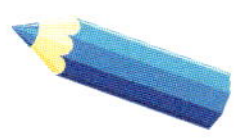

Visueller Lerntyp: Hast du zum größten Teil diese Lernwege gewählt, so lernst du am einfachsten über das **Sehen**.

Kommunikativer Lerntyp: Hast du viele graue Lernwege angekreuzt, so lernst du am einfachsten über das Sprechen.

Mischtyp: Solltest du von mehreren Lernwegen gleich viele angekreuzt haben, so bist du ein Mischtyp. Du lernst daher am besten, wenn du diese Lernwege miteinander verbindest.

2 Probiere nun selbst aus, ob deine Lernmethode zum Erfolg führt! **Merke dir folgende acht Wortpaare in zwei Minuten! Wende dabei deinen eigenen Lernweg an und schreibe anschließend diese Wörter auf ein Blatt Papier!**

HB 1: Wenn du den auditiven Lernweg ausprobieren möchtest, höre dir doch das Hörbeispiel an! Wie viele Wörter konntest du dir mit deiner Lernmethode merken?

____

Beispiel visueller Lerntyp: Die Begriffe Teller und Baum kannst du dir so vorstellen:

Kirchturm Orange	Trompete Taschenuhr
Rose Bleistift	Radio Lesebrille
Papierkorb Handy	Fernseher Katze
Taschentuch Flasche	Kino Planeten

Wie arbeitet mein Gehirn eigentlich?

Unser Gehirn ist die Schaltzentrale unseres Körpers. Hier kommen alle Informationen an, alle Funktionen des Körpers werden überwacht und **koordiniert**. Fühlen, Denken, Handeln – dies wird alles von unserem Gehirn gesteuert.

Dein Gehirn besteht aus zwei Hälften. Jede dieser Hälften übernimmt andere Aufgaben.

koordinieren: etwas aufeinander abstimmen; sich auf etwas einstellen

Intuition: Eingebung

3 Betrachte nun diese Abbildung! Was zeigt diese?

Sprache
Regeln
Gesetze
Schreiben
Rechnen
logisches Denken

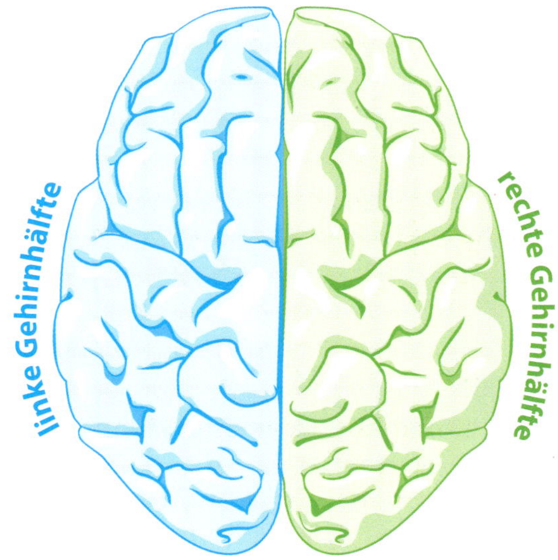

Fantasie
Musik
Gefühle
räumliches Denken
Intuition

4 **Richtig oder falsch?** Streiche das Falsche durch!

Deine LINKE/RECHTE Gehirnhälfte ist für das Planen und Überlegen zuständig.

Deine LINKE/RECHTE Gehirnhälfte ist für deine Empfindungen verantwortlich.

5 **Train your brain** – Welche Gehirnhälfte kommt hier zum Einsatz? Kreuze richtig an!

BEISPIEL	LINKS	RECHTS
27 – 18 =	○	○
Aua!	○	○
Stadtplan lesen	○	○
Sudoku lösen	○	○
Fotografieren verboten!	○	○
Happy birthday singen	○	○
aus dem Bauch heraus entscheiden	○	○
Italienisch lernen	○	○
sich beim Autofahren anschnallen	○	○

Sudoku: Logikrätsel

Welche Gehirnhälfte wird von dir am meisten genutzt? Gehe im Internet auf folgende Seite und finde es selbst heraus:
http://braintest.sommer-sommer.com/de/

6 **Wie lernst du am besten?** Interviewe deinen Sitznachbarn oder deine Sitznachbarin! Dieser/Diese soll in ganzen Sätzen antworten.

Diese Fragen helfen dir dabei:

a) Wie viele Stunden oder Tage beginnst du vor einer Prüfung mit dem Lernen?

b) Lernst du lieber alleine, zu zweit oder in einer Gruppe?

c) Wie oft musst du den Lernstoff wiederholen, damit du diesen wirklich gut kannst?

d) Machst du während des Lernens Pausen? Wenn ja, wie oft machst du sie und wie lange dauern diese?

e) Wo lernst du am besten?

f) Wann fällt es dir leicht, im Unterricht genau aufzupassen?

g) Findest du Verbesserungen sinnvoll? Begründe deine Meinung!

7 **Arbeitsaufträge verstehen** – Sehr oft macht man eine Aufgabe falsch, weil man die Arbeitsanleitung ungenau oder nicht vollständig liest. Führe diesen Selbstversuch gewissenhaft durch!

Für diesen Selbstversuch benötigst du ein weißes A4-Blatt.

1. Lies nun folgende Arbeitsanweisung Punkt für Punkt genau durch!
2. Schreibe auf das Blatt rechts oben deinen Vor- und Nachnamen!
3. Notiere links unten das heutige Datum!
4. Zeichne in der Mitte des Blattes einen Kreis mit rotem Stift!
5. Schreibe in den Kreis den Vornamen deines Sitznachbarn/deiner Sitznachbarin!
6. Drehe das Blatt um und zeichne eine Sonne in die linke obere Ecke!
7. Dann zeichne gleich daneben sechs Sterne mit blauem Stift!
8. Auf die Vorderseite des Blattes ziehe vier Striche vom Kreis weg!
9. Notiere bei jedem Strich, was dein Sitznachbar/deine Sitznachbarin am liebsten mag (Buch, Farbe, Hobbys usw.)!
10. Nimm nun einen roten Filzstift und male auf deinen linken Handrücken ein Haus!
11. Gefallen dir diese Aufgaben?
12. Lies dir nun den nächsten Punkt durch!
13. Du sollst keine der Aufgaben erfüllen! → Ausnahme: Punkt 1

Nun geht's los – Aufgaben für schlaue Köpfe!

1 **Lerntipps!** Folgende zehn wichtige Tipps helfen dir, gezielter zu lernen. **Bevor du sie aber einsetzen kannst, musst du sie noch entschlüsseln. ★★★**

Esistwichtig,denLernstoffinregelmäßigenAbständenzuwiederholen.

LERNEÄHNLICHESNICHTHINTEREINANDER!

Übe und wiederhole mit einem Lernpartner/einer Lernpartnerin!

Mache gelegentlich eine Pause!

Unterstreiche und markiere Wichtiges!

Mche immr deie Hausbungen ud Veresserungen!

S✳haue ✳ir de✳ne Fe✳ler gen✳u a✳!

Ende zum bis Aufgabenstellung eine stets Lies!

tim treirtneznok dnu vitka thcirretnU mi etiebrA

Gestalte deinen Arbeitsplatz übersichtlich!

2 Welche Lerntipps von Maja und Lukas sind richtig, welche sind falsch! **Ziehe die richtigen Tipps mit (grüner Stift) nach, die falschen mit (roter Stift)! ★★**

3 **Stelle nun die falschen Lerntipps richtig, indem du sie in deinem Heft richtig aufschreibst! ★**

Nun geht's los – Aufgaben für schlaue Köpfe!

4 **Lerntypen bestimmen** – Um welchen Lerntypen handelt es sich hier?
Kreuze richtig an! ★★★★★

Das Lernen nach dem Buch fällt mir schwer, deswegen lasse ich mir den Lernstoff von meiner Mutter erzählen.	○	○	○	○	○
Die Englisch-Vokabel merke ich mir am schnellsten, wenn ich ein Memory dazu bastle.	○	○	○	○	○
Ein Gedicht lerne ich am besten, wenn ich es aufnehme und es mir später wieder anhöre.	○	○	○	○	○
Für ein Diktat muss ich die Wörter immer selbst mehrmals aufschreiben.	○	○	○	○	○
Nach der Biologiestunde unterhalten wir uns über die Teile des Skeletts.	○	○	○	○	○
Abbildungen und Fotos im Buch helfen mir beim Lernen.	○	○	○	○	○
Meine Freund und ich prüfen uns mündlich die Fragen für den Biologie-Test ab.	○	○	○	○	○

5 **Blitzblick** – Suche **4711** in dieser Zahlenreihe! ★ Wie oft kommt diese Zahl vor?

123471180503471147138930219821471155

675321895471126430471198764723865432

867432148114711987123471191283471111

4711

kommt ________-mal vor.

Blitzlicht

Ich erkenne die Wortbilder. (1)	○	○	○
Ich kann falsche von richtigen Lerntipps unterscheiden. (2/3)	○	○	○
Ich kann die unterschiedlichen Lernwege den Lerntypen zuordnen. (4)	○	○	○
Ich kann mich auf eine Aufgabe konzentrieren. (5)	○	○	○

Blick ins Buch

„Sam Hinkel und die Akademie für Ärger“ *von T. R. Burns*

INHALT:

Sam Hinkel hat wohl versehentlich seine Lehrerin mit einem Apfel erschlagen. Daraufhin fliegt er natürlich hochkant von der Schule. Er landet aber nicht in einer Besserungsanstalt für Schwererziehbare, sondern in einem Elite-Internat für hochtalentierte Unruhestifter. Auf der Akademie für Ärger lernt man nicht nur schlechtes Benehmen, hier gibt es sogar für Streber schlechte Noten. Und Sam ist „der“ vielversprechendste Neuzugang!

HB 2: Höre dir doch einmal die Leseprobe an!

AUSZUG: „Gregs Tagebuch – Von Idioten umzingelt“ *von Jeff Kinney*

SEPTEMBER

Dienstag

Wie gesagt, Bruce ist der beliebteste Junge in unserer Klasse. Und das bedeutet, dass wir anderen Jungs nur noch um die billigen Plätze streiten können.

Nach meiner Rechnung bin ich dieses Jahr so auf Platz 52 oder 53 der Beliebtheitsskala. Die gute Nachricht: Bald werde ich aufrücken, denn direkt vor mir ist Charlie Davies und der kriegt nächste Woche seine Zahnspange.

„Die Welt steht kopf – in der Elternschule“ *von Amina Paul*

KOMMENTAR: Alex, 10 Jahre

Was passiert, wenn sich Eltern wie Kinder benehmen und die Kinder plötzlich auf die Eltern aufpassen müssen? Um die Eltern tagsüber unter Kontrolle zu halten, eröffnen die Kinder im Handumdrehen eine „Elternschule“ – natürlich mit Fächern, die Kinder für wichtig erachten.

Die Kapitel sind nicht zu lang und es ist witzig geschrieben. Ich bin vor Lachen fast geplatzt. Ich habe mit meinen Eltern daraufhin sogar einen „umgekehrten“ Tag eingeführt. **Mein Tipp:** unbedingt lesen!

Klick ins Buch

Informiere dich selbstständig über diese Büchern im Internet! Bewerte anschließend diese Bücher, indem du Sterne vergibst und bei jedem Buch diese anmalst!

★★★ = will ich unbedingt lesen

★★ = bin daran interessiert

★ = wenig Interesse

Zitat der Woche: Lesen ist ein großes Wunder.

Marie von Ebner-Eschenbach

Was bedeutet dieser Spruch für dich?

Jeder in der Klasse liest ein Buch seiner Wahl. Dazu müsst ihr euch aber abstimmen, damit nicht zwei Personen das gleiche Buch lesen. Für das Lesen hast du z. B. 14 Tage Zeit.

Bücherolympiade:

- Du fertigst ein Handout zu deinem gelesenen Lieblingsbuch an. Ebenso bringst du dein Buch mit in die Klasse, damit deine Mitschüler/innen darin blättern können. Alle Handouts werden in der Klasse sichtbar aufgehängt.
- Ihr habt drei Tage Zeit, alle Handouts zu lesen, um dann die drei beliebtesten Bücher zu wählen. Dafür notierst du dir deine drei Bestseller.
- Auf einem A4-Blatt kommt es zur Auswertung. Jeder von euch macht einen Strich bei seinen drei Bestsellern. Diese Rankingliste mit den drei beliebtesten Büchern wird in der Klasse aufgehängt.

Wie soll ein Handout aussehen?

Name:

Buchtitel:

Autor/in:

Klappentext:

Hauptfiguren:

persönliche Bewertung:

Auf deinem Handout dürfen dein Name, der Buchtitel und der Name des Autors/der Autorin nicht fehlen. Den Klappentext (kurze Vorstellung des Inhalts auf der Rückseite des Buches) kannst du entweder übernehmen oder selbst verfassen. Dieser soll zum Lesen anregen und nicht zu viel verraten. Wichtig sind auch die Hauptfiguren, die du kurz vorstellst.

Zum Schluss begründe, warum dir dieses Buch so gut gefallen hat. Je besser dir das gelingt, umso größer sind deine Chancen, auf Platz 1 der Bestseller-Rankingliste zu landen.

Bücherschau:

- Zuerst bildet ihr fünf Gruppen. Jeder von euch stellt, im Kreis sitzend, abwechselnd sein Buch vor. Dafür habt ihr fünf Minuten Zeit. Da die Zeit knapp ist, konzentriere dich auf das Wesentliche.
- Das Nachfragen deiner Mitschüler/innen ist erlaubt, es darf aber nicht kritisiert oder diskutiert werden.
- Zum Abschluss wird in der Klasse noch als „Blitzlicht" darüber gesprochen, wie dir/euch die Bücherschau gefallen hat.

Vorhang auf – eine Lesung:

- Bildet zuerst fünf Gruppen in der Klasse! Bestimmt auch einen „Regelbeobachter", der bei Bedarf für Ruhe und faires Miteinander sorgt.
- Du hast dir bereits zu Hause eine für dich spannende Stelle aus deinem Buch ausgewählt und liest nun diese deiner Gruppe vor.
- Nach deiner Lesung haben deine Zuhörer/innen die Möglichkeit, Fragen an dich zu stellen. Deshalb sei gut vorbereitet, damit du alle Fragen beantworten kannst.
- Zum Schluss wird in jeder Gruppe jemand bestimmt, der dann der Klasse den besten Textauszug vorliest.

Meine Schule – Alles ist neu

In deiner neuen Schule wirst du nun in den nächsten Jahren viel Zeit verbringen. Alles ist neu: das Schulgebäude, deine vielen Mitschüler und Mitschülerinnen, die neuen Lehrer und Lehrerinnen und ihre Unterrichtsfächer.

Ein berühmt-berüchtigter Schulanfänger ist auch Greg. In seinem Tagebuch erzählt er von seinen Erfahrungen am ersten Schultag.

1 **Was für ein Durcheinander –** Gregs Tagebucheintrag ist durcheinandergeraten. **Ordne den Ablauf, indem du in der linken Spalte die Zahlen 1 bis 5 einsetzt!** **Tipp:** Die Bilder helfen dir! Wenn du richtig liegst, ergeben die Buchstaben ein Lösungswort!

	Klassenzimmer und schmeißt sein Zeug nichtsahnend auf den nächstbesten Schreibtisch und plötzlich hört man den Lehrer sagen: „Ich hoffe, die Sitzordnung …	A
	Heute ist der erste Schultag und gerade warten wir alle darauf, dass der Lehrer die Sitzordnung festlegt. Also dachte ich mir, kritzle ich ein bisschen in diesem …	P
	hübsche Mädchen, sobald ich das Klassenzimmer betrete. Aber das würde nur beweisen, dass ich seit letztem Jahr nichts dazu gelernt habe.	Z
	gefällt euch, denn die bleibt dieses Jahr so." In der nächsten Stunde setze ich mich vielleicht einfach zwischen ein paar …	T
	Buch herum, damit mir nicht langweilig wird. Tipp von mir übrigens: Am ersten Schultag muss man höllisch aufpassen, wo man sitzt. Man geht ins …	L

LÖSUNGSWORT: . . . . .

2 **Beschreibe nun in deinem Heft deinen eigenen ersten Schultag in deiner neuen Schule!**
Vorschlag: Schreibe ebenso deine Gefühle und Gedanken auf, aber auch, welche Eindrücke von der Schule, den Lehrpersonen und neuen Mitschülern und Mitschülerinnen hattest!

Freundschaften schließen

Es ist nicht immer einfach, sich beim ersten Kennenlernen alle Namen der neuen Mitschüler/Mitschülerinnen zu merken. Doch mit diesen Übungen kannst auch du dir diese leichter einprägen.

3 **Poste mich doch einmal:**

Setzt euch auf dem Boden im Kreis auf! Einer bekommt ein Post-it auf die Stirn geklebt.

Darauf steht der Name eines Mitschülers/einer Mitschülerin.

Durch Ja/Nein-Fragen muss er/sie herausfinden, wer die gesuchte Person ist.

Wurde der Name richtig erraten, wird der/die nächste Schüler/in ausgewählt.

Dialekt: regional gebundene Sprache (Mundart)

Grafik: zeichnerische Darstellung von Zahlenwerten

Erstsprache (Muttersprache): Sprache, die in der Kindheit hauptsächlich gesprochen wird

BKS: Bosnisch/Kroatisch/Serbisch

4 **Klassengespräch:** **Folge dieser Anleitung!**
Bildet in der Klasse einen Sitzkreis! Sprecht über eure Hobbys, eure Interessen, die Länder, aus denen ihr vielleicht kommt, und eure Sprachen, die ihr sprecht – auch **Dialekte**, die ihr könnt!

5 Welche Sprachen werden in Viviens Klasse gesprochen? **Studiere zuerst diese Grafik, die ein Säulendiagramm zeigt! Dann schreibe auf, wie viele Schüler/innen die folgenden Sprachen sprechen!**

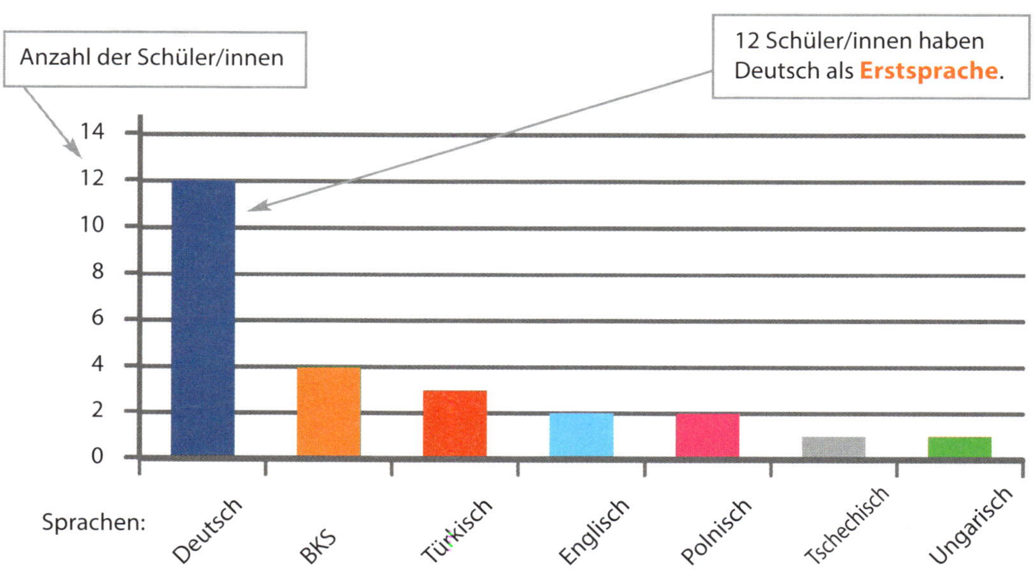

BKS: ________

Türkisch ________

Englisch ________

Polnisch ________

Tschechisch ________

Ungarisch ________

6 **Schreiben am laufenden Band!** Folge dieser Anleitung, um eine lustige Geschichte zu schreiben!

ANLEITUNG:

- ☺ Bildet zuerst in der Klasse Gruppen! Setzt euch dann rund um einen Tisch mit einem A4-Blatt!
- ☺ Entscheidet euch nun für ein Thema!

  Unsere neue Schule * Unser Klassenvorstand * Unser Fach Deutsch

- ☺ Der Jüngste in der Gruppe schreibt den ersten Satz, faltet das Blatt so, dass der Nächste diesen Satz nicht lesen kann. Anschließend wird das Blatt an den **linken** Sitznachbarn weitergereicht.
- ☺ Nach drei Runden wird die Geschichte in der Gruppe von einem Schüler oder einer Schülerin vorgelesen.
- ☺ Zum Schluss könnt ihr eure Geschichte der Klasse vorlesen.

Dichten macht Spaß – Akrostichon

7 Versuche, das Bauprinzip zu erkennen und gestalte selbst zu deinem Vor- und/oder Nachnamen mehrere Akrostichen auf einem A4-Blatt!

Akrostichon – Was ist das?
Bei dieser Gedichtform ergeben die Buchstaben am Zeilenanfang von oben nach unten gelesen ein Wort. Man kann dieses Gedicht in zwei Schwierigkeitsstufen verfassen.

a **Ein-Wort-Akrostichon**

DONUT
REIS
AYRAN
GURKEN
APFELSAFT
NUDELN

SENSIBEL
AUFGEWECKT
BELIEBT
INTERESSIERT
NETT
AUFMERKSAM

Ayran: Erfrischungsgetränk aus Jogurt

sensibel: einfühlsam, empfindsam

b **Ein-Satz-Akrostichon**

Aleks wohnte früher am Land.
Laufen kann er schnell.
Emilia heißt seine Schwester.
Kekse hasst er.
Samstags geht er oft ins Kino.

Das Alphabet

Germanen: Gruppe von historischen Stämmen im Norden Europas

Lisas Onkel, der Schriftsteller Markus Schreibefein, ist Spezialist für die deutsche Rechtschreibung. Er erklärt seiner Nichte, dass sich der Name **ALPHABET** von den ersten beiden Buchstaben der griechischen Schrift (ALPHA + BETA) ableitet. Auch für das Wort **BUCHSTABE** hat er eine Erklärung: Es leitet sich von den **Germanen** ab, die ihre Schriftzeichen (die RUNEN) in Buchenstäbchen ritzten.

Unser Alphabet besteht aus 26 Buchstaben. Buchstaben sind Schriftzeichen. Diese stehen für Laute, die du beim Sprechen hörst.
Du kannst zwischen **VOKALEN/Selbstlauten** (a, e, i, o, u) und **KONSONANTEN/Mitlauten** (alle anderen Buchstaben) unterscheiden.

1 HB 3: **Schreibe jeden Buchstaben auf, den du hörst!**

Was hörst du?		Was hörst du?	
A		B	
E		G	
I		K	
O		P	
U		F	

2 **Was fehlt hier? – Ergänze die Lücken!**

Was macht den ______________ / Selbstlaut so besonders? Dieser Laut besteht ausschließlich aus einem B______________. Die Konsonanten/ ______________ benötigen, wenn du sie aussprichst, die Hilfe eines V__________.

3 **Konzentrationsübung** – Welche Buchstabenfolge entspricht nicht dem Alphabet? **Kreise diese ein und notiere, wie lange du dafür brauchst! Tipp:** Schreibe zuerst das Alphabet auf, dann fällt dir diese Übung leichter!

defgh	nopqr	vwxyz	prstu	abcde	jklmn	fghij	tuvwx	bcdef
klmop	qrstu	cdefg	mnopq	uvwxy	zabcd	hijkl	rstuv	wxyza
abcde	efghi	fghij	defgh	ghijk	ijklm	cdefg	opqrs	xyzac
klmno	lmnpq	ijklm	zabcd	rstuv	lmnop	pqrst	stuvw	vwxyz
yzabc	defgh	jklmn	qrstu	ghijk	cdefg	fhijk	wxyza	abcde

Meine Zeit: __________

4 **Buchstabensuche** – Welcher Buchstabe ist hier zu viel? **Kreise diesen ein!** **Tipp:** Der erste und der letzte Buchstabe sind rot geschrieben.

5 **Nun verwende für die eingekreisten Buchstaben jeweils den Buchstaben im Alphabet davor!** So erhältst du ein Lösungswort.

LÖSUNGSWORT: . . . . .

UMLAUTE und ZWIELAUTE

Es gibt aber auch **UMLAUTE**: ä – ö – ü. Diese sind eine Buchstabenkombination aus a + e, o + e und u + e.
Buchstabenkombinationen wie **ei**, **au**, **äu**, **eu**, **ai**, **ui** nennt man **ZWIELAUTE** (Diphthonge).

Buchstabieren leicht gemacht

Buchstabieralphabet – Wenn du einen schwierigen Namen buchstabierst, verwende doch dazu diese BUCHSTABIERTAFEL!

A	Ä	B	C	CH	D	E	F	G	H	I
Anton	Ärger	Berta	Cäsar	Christine	Dora	Emil	Friedrich	Gustav	Heinrich	Ida
J	**K**	**L**	**M**	**N**	**O**	**Ö**	**P**	**Q**	**Qu**	**R**
Julius	Konrad	Ludwig	Martha	Nordpol	Otto	Österreich	Paula	ku	Quelle	Richard
S	**ß**	**Sch**	**T**	**U**	**Ü**	**V**	**W**	**X**	**Y**	**Z**
Siegfried	scharfes s	Schule	Theodor	Ulrich	Übel	Viktor	Wilhelm	Xaver	Ypsilon	Zürich

6 **HB 4:** Wie heißen diese Personen mit Nachnamen? **Entschlüssle nach dem Buchstabieralphabet und schreibe die Namen auf!**

7 **NAMENFUNKSPRÜCHE – ein Spiel für die ganze Klasse**

ANLEITUNG:
Notiere zuerst deinen eigenen Vor- und Nachnamen mit Hilfe der Buchstabiertabelle auf einem Zettel!
Sammelt alle Zettel in einer Box! Jetzt zieht jeder einen davon und muss herausfinden, wer das ist.

Nach dem Alphabet ordnen

Wenn du folgende drei Tipps von Markus Schreibefein befolgst, fällt dir das Ordnen nach dem Alphabet leicht.

Tipp 1: nach dem Anfangsbuchstaben ordnen

Wenn Wörter verschiedene Anfangsbuchstaben haben, ordnet man sie alphabetisch nach dem ersten Buchstaben im Alphabet.

Alexander – **B**arbara – **C**lara

ANFANGS-BUCHSTABE

8 Bringe folgende Vornamen aus Lisas Klasse in deinem Heft in eine alphabetische Reihenfolge!

a) Nurgül * Christopher * Jennifer * Mercedes * David

b) Lara * Betül * Stefan * Petra * Ema * Tim * Quincy * Felix * Ödön * Ana

Tipp 2: nach dem zweiten Buchstaben ordnen

Wenn Wörter die gleichen Anfangsbuchstaben haben, ordnet man diese nach ihrem zweiten Buchstaben.

Lara steht vor Lili

ZWEITER BUCHSTABE

9 Ordne nun folgende Vornamen nach dem Alphabet in deinem Heft!

a) Mürvet * Marvin * Mona * Mercedes *

b) Muhammed * Myriam * Märten * Miriam * Melita * Moritz

Tipp 3: nach dem dritten Buchstaben ordnen

Wenn der Anfangsbuchstabe und der zweite Buchstabe von Wörtern gleich sind, muss man diese nach dem dritten Buchstaben ordnen.

Larissa steht vor Laura

DRITTER BUCHSTABE

10 Ordne nun diese Vornamen aus aller Welt in deinem Heft nach dem Alphabet!

Sahra * Sabrina * Sami * Sade * Safina * Salina * Sancho * Saskia * Saran

Wer schafft es als Erster, alle Vornamen der Reihe nach alphabetisch im Heft zu ordnen?

11 **Das ABC-Spiel – ein Spiel für die ganze Klasse**

ANLEITUNG: Jeder nennt einen Vornamen seiner Mitschüler oder seiner Mitschülerinnen, den er sich gemerkt hat, und schreibt diesen an die Tafel. Wenn alle Namen an der Tafel stehen, geht es los.

Nun geht's los – Aufgaben für schlaue Köpfe!

1 Ordne diese Wörter nach dem Alphabet! ★★★★ **Tipp:** Liegst du richtig, ergeben die Koordinaten (z. B. C 11, A 13, …) ein Bild, wenn du sie der Reihe nach in der Tabelle verbindest.

	A	B	C	D	E	F	G	H	I	J	K	L	M	N	O
1	•	•	•	•	•	•	•	•	•	•	•	•	•	•	•
2	•	•	•	•	•	•	•	•	•	•	•	•	•	•	•
3	•	•	•	•	•	•	•	•	•	•	•	•	•	•	•
4	•	•	•	•	•	•	•	•	•	•	•	•	•	•	•
5	•	•	•	•	•	•	•	•	•	•	•	•	•	•	•
6	•	•	•	•	•	•	•	•	•	•	•	•	•	•	•
7	•	•	•	•	•	•	•	•	•	•	•	•	•	•	•
8	•	•	•	•	•	•	•	•	•	•	•	•	•	•	•
9	•	•	•	•	•	•	•	•	•	•	•	•	•	•	•
10	•	•	•	•	•	•	•	•	•	•	•	•	•	•	•
11	•	•	•	•	•	•	•	•	•	•	•	•	•	•	•
12	•	•	•	•	•	•	•	•	•	•	•	•	•	•	•
13	•	•	•	•	•	•	•	•	•	•	•	•	•	•	•
14	•	•	•	•	•	•	•	•	•	•	•	•	•	•	•
15	•	•	•	•	•	•	•	•	•	•	•	•	•	•	•

1)
Stein C11
Dieb A13
Roller B12

Dieb A 13

2)
Dom D9
Dachs B11
Draht C9

3)
Buch D7
Berg D8
Bild E7

4)
Fisch F4
Film F5
Finger E5

5)
Ring F3
Rind G3
Rinne H1

6)
Vermögen I3
Vertrauen J4
Verlust J3

7)
Sieg J5
Siegel L7
Siedler K5

8)
handvoll M9
Handball K7
Handschlag L8

9)
Softrock N11
Softdrink L9
Software M11

10)
Tonfilm I13
Tonhöhe I15
Tonfall O13

11)
verschmutzt G15
verschollen A13
verschneit G13

Nun geht's los – Aufgaben für schlaue Köpfe!

2 **Wir üben das Alphabet** – Setze die Reihen fort! ★★★

a) 

b) 

c) 

d) 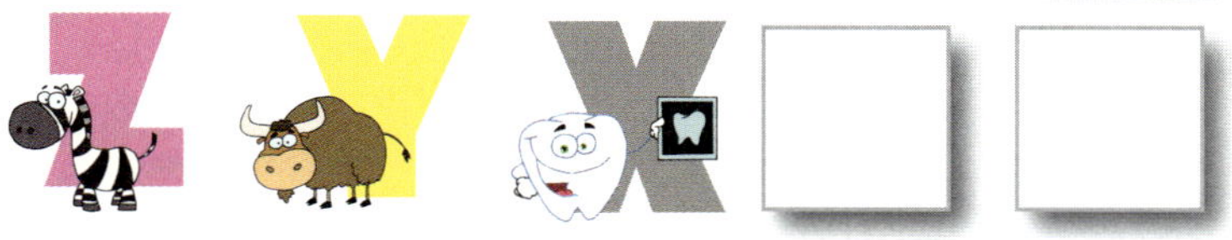

e) 

3 **Ein-Geschichten-Akrostichon** – Verfasse selbst so wie hier im Beispiel in deinem Heft eine Geschichte zu deinem Vornamen! ★★★★★

Petra ist ein Einzelkind.
Eigentlich hätte sie gerne einen Bruder.
Tobias soll er heißen.
Ronaldo wäre auch schön.
Aber lieber noch hätte sie einen Elefanten.

Blitzlicht

Ich kann Wörter nach dem Alphabet ordnen. (1)	○	○	○
Ich kann eine Regel hinter einer Alphabetreihe erkennen. (2)	○	○	○
Ich kann nach einer Anleitung ein Akrostichon verfassen. (3)	○	○	○

Mein Wörterbuch

Ich verwende das **WB**, *wenn …*

… ich mir nicht sicher bin, wie ich etwas richtig schreibe → **Rechtschreibung**
… ich ein Wort nicht kenne oder verstehe → **Wortbedeutung**
… ich den Artikel eines Wortes nicht kenne → **Geschlecht**
… ich den **Genitiv** eines **Nomens** oder den **Nominativ Plural** nicht weiß → **Fälle**
… ich nicht weiß, wie man ein Wort richtig abtrennt → **Silbentrennung**
… ich nicht weiß, wie man ein Wort ausspricht → **Aussprache**

WB: Wörterbuch

Genitiv: 2. Fall

Nomen: Namenwort oder Hauptwort

Nominativ: 1. Fall

Plural: Mehrzahl

z. B.: zum Beispiel

Auszug aus einer WB-Seite:

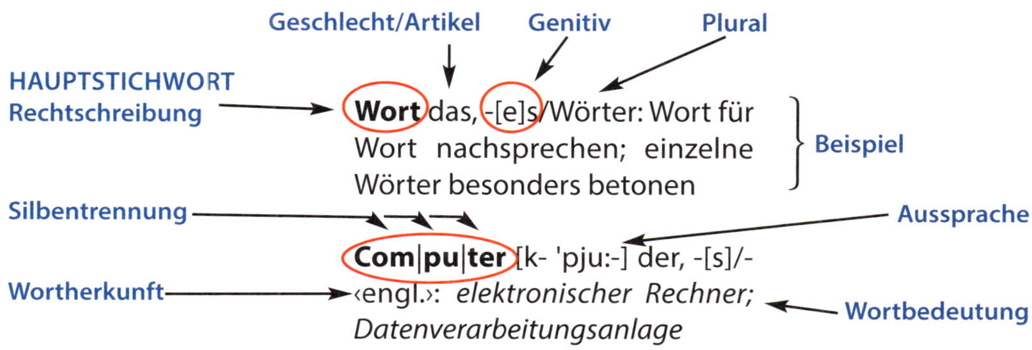

Oft musst du beim Suchen schnell sein, z. B. bei einer Schularbeit. Deshalb befolge die Tipps von Markus Schreibefein!

TIPP 1

Am schnellsten findest du den Anfangsbuchstaben der gesuchten Wörter mit Hilfe der **Handmarken**.
Die Anfangsbuchstaben stehen dabei rechts und links der Seite als Großbuchstaben.

1 **Buchstaben-Roulette:** Folge dieser Anleitung!

ANLEITUNG: Der **rote Spieler** bekommt den ersten Buchstaben in der Mitte (graue Spalte/H) vom **blauen Spieler** angesagt. Mit einem Griff muss **er** das **H** im Wörterbuch aufschlagen können, wenn dieses auf dem Buchrücken steht.

Trifft **er** das **H**, erhält er drei Punkte, kommt **er** auf **G** oder **I**, gewinnt er zwei Punkte, bei **F** oder **J** erhält **er** nur mehr einen Punkt.
Alle anderen Buchstaben zählen null Punkte. Nach drei Runden wird gewechselt.

1 Punkt	2 Punkte	3 Punkte	2 Punkte	1 Punkt
F	G	H	I	J
N	O	P	Q	R
T	U	V	W	X
G	H	I	J	K
R	S	T	U	V
B	C	D	E	F

Handmarke

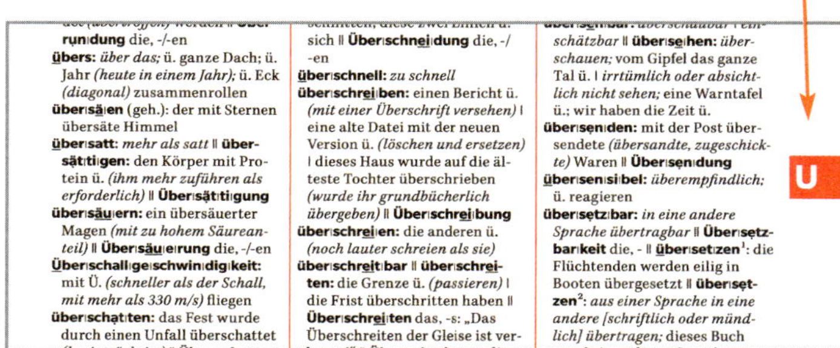
rụn|dung die, -/-en
ü̲bers: *über das;* ü. ganze Dach; ü. Jahr *(heute in einem Jahr);* ü. Eck *(diagonal)* zusammenrollen
über|sä̲|en (geh.): der mit Sternen übersäte Himmel
ü̲ber|satt: *mehr als satt* ‖ **über|sạt|ti|gen:** den Körper mit Protein ü. *(ihm mehr zuführen als erforderlich)* ‖ **Über|sạt|ti|gung**
über|säu̲|ern: ein übersäuerter Magen *(mit zu hohem Säureanteil)* ‖ **Über|säu̲|e|rung** die, -/-en
Ü̲ber|schall|ge|schwin|dig|keit: mit Ü. *(schneller als der Schall, mit mehr als 330 m/s)* fliegen
über|schạt|ten: das Fest wurde durch einen Unfall überschattet
sich ‖ **Über|schnei̲|dung** die, -/-en
ü̲ber|schnell: *zu schnell*
über|schrei̲|ben: einen Bericht ü. *(mit einer Überschrift versehen)* | eine alte Datei mit der neuen Version ü. *(löschen und ersetzen)* | dieses Haus wurde auf die älteste Tochter überschrieben *(wurde ihr grundbücherlich übergeben)* ‖ **Über|schrei̲|bung**
über|schrei̲|en: die anderen ü. *(noch lauter schreien als sie)*
über|schrei̲t|bar ‖ **über|schrei̲|ten:** die Grenze ü. *(passieren)* | die Frist überschritten haben ‖ **Über|schrei̲|ten** das, -s: „Das Überschreiten der Gleise ist ver-
schätzbar ‖ **über|se̲|hen:** *überschauen;* vom Gipfel das ganze Tal ü. | *irrtümlich oder absichtlich nicht sehen;* eine Warntafel ü.; wir haben die Zeit ü.
über|sẹn|den: mit der Post übersendete *(übersandte, zugeschickte)* Waren ‖ **Über|sẹn|dung**
ü̲ber|sen|si|bel: *überempfindlich;* ü. reagieren
über|sẹtz|bar: *in eine andere Sprache übertragbar* ‖ **Über|sẹtz|bar|keit** die, - ‖ **ü̲ber|set|zen**[1]: die Flüchtenden werden eilig in Booten übergesetzt ‖ **über|sẹt|zen**[2]: *aus einer Sprache in eine andere [schriftlich oder mündlich] übertragen;* dieses Buch
U

PUNKTE: ☐ + ☐ + ☐ = ☐

PUNKTE: ☐ + ☐ + ☐ = ☐

Gewonnen hat, wer die meisten Punkte erreicht!

Orientiere dich an den **LEITWÖRTERN**, die auf jeder Seite links und rechts oben stehen! Diese sind das erste und das letzte Wort der Seite.

TIPP 2

2 **Gehirnjogging** – Kreuze an, welches Wort nicht zwischen diese Leitwörter passt!

Geräusch – **Gesang**

- [ ] gerne
- [ ] gering
- [ ] Geschäft

klar – **Kleid**

- [ ] Klang
- [ ] Klasse
- [ ] klebrig

3 Kreuze an, welche Wörter auf dieser abgebildeten Seite zu finden sind! **Tipp:** Ordne zuerst die Wörter alphabetisch!

____

____

____

- [ ] Böe
- [ ] Bock
- [ ] Bonsai
- [ ] Boden
- [ ] bohren
- [ ] Boa
- [ ] Bonbon
- [ ] borniert
- [ ] Bolzen

4 Suche zuerst diese Wörter im Wörterbuch! Dann notiere nur die Leitwörter, die auf dieser Seite stehen!

Wort	LEITWORT links	LEITWORT rechts
Koch		
bellen		
Wurst		
frech		

5 **Eine Geschichte zum Lachen:** Verfasse mit den Wörtern aus Aufgabe 4 eine lustige Geschichte in deinem Heft! Diese soll zwischen fünf und zehn Sätzen lang sein. Finde auch eine passende Überschrift!

6 **HB 5:** Hunde können ganz schön eigensinnig sein. Ottos Mops ist so ein eigensinniger Hund. **Höre genau zu!**

7 **Nun lies dir dieses Gedicht von Ernst Jandl zweimal still durch!**

Ernst Jandl

ottos mops

Strophe 1:

ottos mops trotzt
otto: fort mops fort
ottos mops hopst fort
otto: soso

Strophe 2:

otto holt koks
otto holt obst
otto horcht
otto: mops mops
otto hofft

Strophe 3:

ottos mops klopft
otto: komm mops komm
ottos mops kommt
ottos mops kotzt
otto: ogottogott

Versuche, deinem Sitznachbarn/deiner Sitznachbarin jeweils eine Strophe richtig betont vorzulesen! Wechselt euch dabei ab! **Tipp:** Mache immer nach dem Doppelpunkt eine kurze Pause!

Strophe: Abschnitt eines Gedichtes

trotzen: starrköpfig, stur sein

Koks: Brennmaterial

8 In welcher Strophe findest du folgende Aussagen? **Kreuze richtig an!**

	STROPHE		
Otto erledigt seine Hausarbeit.	○ 1	○ 2	○ 3
Otto schickt seinen Mops weg.	○ 1	○ 2	○ 3
Otto wundert sich, dass der Mops folgt.	○ 1	○ 2	○ 3
Otto ist entsetzt, weil sein Hund sich übergibt.	○ 1	○ 2	○ 3
Otto wundert sich, wo sein Hund ist.	○ 1	○ 2	○ 3
Otto hofft auf die Rückkehr seines Hundes.	○ 1	○ 2	○ 3
Ottos Mops ist starrköpfig.	○ 1	○ 2	○ 3

9 Welche Gefühle hat Otto, wenn er über den trotzigen Hund spricht? **Kreise die passenden sechs Gefühle ein!**

*Neid * Angst * Trauer * Ärger * Langeweile * Triumph * Verwunderung * Wut * Eifersucht * Sorge * Zorn * Hoffnung * Hass * Mitleid * Freude * Nervosität*

Triumph: Freude über einen Sieg

10 **Gedicht einmal anders:** Ersetze nun alle **O-Laute** durch andere **Vokale**! Trage nun dieses neue Gedicht deinem Sitznachbarn/deiner Sitznachbarin vor!

TIPP 3

Wörter, die mit Umlaut geschrieben werden, sind im Wörterbuch unter a, o und u eingeordnet.

UMLAUTE: ä, ö, ü

11 **Ordne diese Wörter, indem du sie alphabetisch auf die Karteikarten schreibst!**

1. ______
2. ______
3. ______
4. ______

Österreich
Örtlichkeit
Osten
Orgel

1. ______
2. ______
3. ______
4. ______

wahr
Währung
wählen
während

Verb: Zeitwort (Tunwort)

Infinitiv: Nennform des Verbs (so wie es im Wörterbuch steht)

TIPP 4

Wenn du nicht weißt, wie du ein **Verb** schreiben sollst, dann musst du im Wörterbuch nach dem **Infinitiv** suchen.

12 **Markiere zuerst im Gedicht „ottos mops" alle Verben! Schreibe sie auf und suche den Infinitiv dazu!**
Nun kannst du ganz einfach das Verb im Wörterbuch finden.

Welche zwei Hunde sind gleich? Male die Buchstaben an!

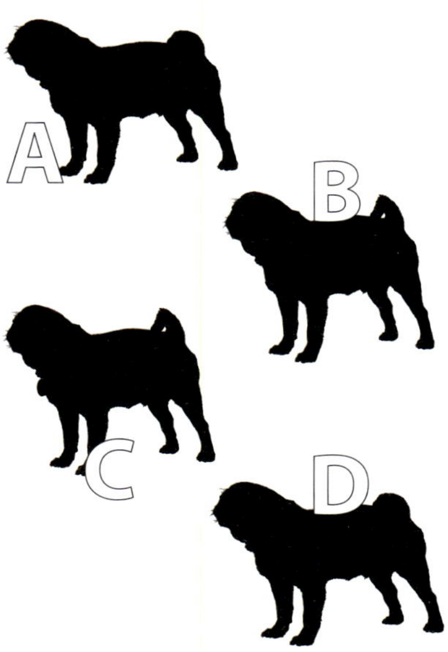

VERB	INFINITIV	Seite	Spalte
trotzt	trotzen		

Nun geht's los – Aufgaben für schlaue Köpfe!

1 **Anfang und Ende:** Kreuze in jeder Zeile die beiden Leitwörter an, d.h. das erste und das letzte Wort, zwischen denen die anderen stehen! ★★★★

Mücke ☐	murren ☐	Mund ☐	Müll ☐	mulmig ☐
logisch ☐	Loch ☐	Lohn ☐	locken ☐	loben ☐
entweder ☐	entrinnen ☐	Entwurf ☐	Entzündung ☐	entsetzlich ☐
Zacke ☐	zahm ☐	zäh ☐	Zahl ☐	Zahn ☐

 ☐  ☐  ☐  ☐  ☐

2 **Wörterschlange** – Wer findet diese Wörter aus der Schlange im Wörterbuch schneller? Du oder dein Sitznachbar/deine Sitznachbarin? Jeder sucht sich eine Wortschlange aus! ★★
Los geht's!

türkeibosnienserbienkroatienpolendeutschland
ANKARASARAJEVOBELGRADZAGREBWARSCHAUBERLIN

Wort	Seite	Spalte

Wort	Seite	Spalte

Nun geht's los – Aufgaben für schlaue Köpfe!

3 **Eine Wortfamilie, viele Wörter:** Ergänze jede Wortfamilie mit Hilfe des Wörterbuches! Suche jeweils vier Stichwörter zu den Hauptstichwörtern in der Mitte! ★

Autofahrer ____________ ____________

____________ ____________

Haustür ____________ ____________

____________ ____________

4 **Da fehlt ja einiges:** Fülle die Lücken! ★★★

Hauptstichwort ____________ ____________ ____________ ____________

Mo|dem das, -s/-s (EDV): *Anschlussgerät zur Übertragung von Daten zwischen Computern über Telefon, Funk oder Kabel*

5 Was erfährst du im Wörterbuch-Ausschnitt von Aufgabe 4 nicht? Kreuze an! ★★★

○ Genitiv ○ Wortbedeutung ○ Wortherkunft ○ Silbentrennung

Blitzlicht

Ich erkenne die Leitwörter bei nicht alphabetisch gereihten Wörtern. (1)	○	○	○
Ich kann im Wörterbuch schnell Wörter nachschlagen. (2)	○	○	○
Ich kann mit Hilfe des Wörterbuches eine Wortfamilie ergänzen. (3)	○	○	○
Ich kann Wörterbucheintragungen lesen, verstehen und benennen. (4/5)	○	○	○

Das Verb (Zeitwort/Tunwort)

1 **HB 6:** Schließe dein Buch! Nun höre dir diesen Text einmal an!

Was fällt dir auf? Es ______________________________.

2 **Augengymnastik –** Versuche nun, den vollständigen Text flüssig zu lesen! Verwende dazu die Verben in diesem Handy! **Wie klingt der Text nun?**

Wer ☺ ich?

Ohne mich ☺ du nichts. Jeder Satz ☺ mich. Wenn ich in einem Satz ☺, ☺ du nicht, was ist oder was ☺. Ich ☺ eine Tätigkeit oder einen Zustand. Im Satz ☺ ich eine bestimmte Stellung. Oft ☺ ich an der zweiten Stelle, aber manchmal ☺ man mich auch an die erste oder letzte Stelle. Im Satz ☺ ich das Prädikat. Mich ☺ du im Wörterbuch nur in einer bestimmten Form, dem Infinitiv.

3 Unterhaltet euch doch in der Klasse ohne Verben! Versteht ihr euch?

4 Hör dir **HB 6** nochmals an und vervollständige diesen Merktext!

VERBEN

Verben sagen aus, ____________________ oder **was ist**. Somit drücken sie eine ____________________ oder einen Zustand aus.

Im Satz sind sie das ____________________ (die Satzaussage).

Im Wörterbuch findest du die Verben immer im ____________________.

5 Notiere hier nun sechs Verben im Infinitiv!

1. ____________________ 2. ____________________ 3. ____________________

4. ____________________ 5. ____________________ 6. ____________________

6 Wie heißen die Infinitive dieser Verben? Schreibe diese in dein Heft!

hustest ✶ träumt ✶ malt ✶ probe ✶ antwortest ✶ irre ✶ fließt ✶ kreise ✶ tragt ✶ horcht ✶ spiele ✶ glaubt ✶ nennt

Die Konjugation (Beugung) des Verbs

Wir kennen drei Personen im **Singular** (Einzahl):

ich – du – er/sie/es

Ebenso gibt es drei Personen im **Plural** (Mehrzahl):

wir – ihr – sie

SINGULAR und PLURAL

Ich, du, er … sind **Personalpronomen**. Man nennt sie auch **persönliche Fürwörter**.

7 Bringe alle Personen in die richtige Reihenfolge und schreibe sie auf die Zeile!

SIEWIRESDUSIEICHIHRER

Mit der Person ändert das Verb seine Endung. Wir sprechen hier von der **Personalform** des Verbs.
Die **Konjugation** ist also die Anpassung des Verbs an die **Person** und **Zahl** (Singular und Plural).

PERSONALFORM KONJUGATION

INFINITIV = reden

	SINGULAR/Einzahl		PLURAL/Mehrzahl	
1. P.	ich	rede	wir	reden
2. P.	du	redest	ihr	redet
3. P.	er / sie / es	redet	sie	reden

Wortstamm
↓
red en
↑
Personalendung

Auch andersherum: Du erkennst somit auch an der Endung, um welche Person es sich handelt.

8 Konjungiere nun dieses Verb!

INFINITIV = *denken*

Singular (Sg.)		Plural (Pl.)	
1. P.	____________	**1. P.**	____________
2. P.	____________	**2. P.**	____________
3. P.	____________	**3. P.**	____________

ACHTUNG: **Regelmäßige Verben** verändern NICHT ihren Wortstamm!

9 Wandle auch diese fünf Verben so wie in Übung 8 in deinem Heft ab!

*finden * legen * verstehen * loben * sagen*

! **ACHTUNG:** Einige Verben ändern in ihren Personalformen auch den **Vokal** in der **2.** und **3. Person Singular**. Diese nennt man **unregelmäßige Verben**.

	SINGULAR/Einzahl		PLURAL/Mehrzahl	
1. P.	ich	gebe	wir	geben
2. P.	du	gibst	ihr	gebt
3. P.	er / sie / es	gibt	sie	geben

10 Konjugiere nun diese Verben in deinem Heft!

fahren laufen werden
essen lesen nehmen

! **ACHTUNG:** Das Hilfsverb **sein** wird auf ganz besondere Weise konjugiert, weshalb du diese Personalformen lernen musst.

	SINGULAR/Einzahl		PLURAL/Mehrzahl	
1. P.	ich	bin	wir	sind
2. P.	du	bist	ihr	seid
3. P.	er / sie / es	ist	sie	sind

11 **Übung macht den Meister** – Setze in diesem Text die Verben in der richtigen Personalform ein!

Das Universum ________________(geben) uns viele Rätsel auf. Das einzige Sonnensystem, das wir genauer ________________ (kennen), __________ (sein) unser eigenes. ________________ (wissen) du, dass 99 % der Gesamtmasse unseres Planetensystems aus dem zentralen Stern, der Sonne, ________________ (bestehen). Wir ________________ (wissen) außerdem, dass die Sonne im Mittelpunkt unseres Sonnensystems ____________ (stehen). Sie ____________ (sein) ein Fixstern, das ________________ (heißen), sie ________________ (verändern) ihre Position nicht. Die acht Planeten ________________(bewegen) sich um diesen Fixstern. Dazu ________________(gehören) aber auch noch tausende Kleinplaneten, welche zwischen Mars und Jupiter ________________ (liegen). Die Entfernungen zwischen diesen Planeten und der Sonne ________________(sein) enorm groß. So ________________(messen) die Entfernung zwischen Sonne und Erde 180 Millionen Kilometer.

Trennbare Verben (Verbzusatz)

Manche Verben sind **trennbar**. Im Satz sind sie bei der Abwandlung „zerrissen", denn sie zerfallen in zwei Teile:

Personalform + Verbzusatz = Verb
kommen + herein = hereinkommen

TRENNBARE VERBEN

12 **Aus zwei mach eins:** Bilde mit allen unterstrichenen Verben den Infinitiv!

Die sieben goldenen Gesprächsregeln

zuhören	1. Wir hören dem anderen aufmerksam zu.
______________________	2. Wenn wir etwas nicht verstehen, dann fragen wir nach.
______________________	3. In einem Gespräch schauen wir dabei unser Gegenüber an.
______________________	4. Wir halten immer die Lautstärke ein und schreien deshalb nicht.
______________________	5. Wir reden nicht einfach dazwischen.
______________________	6. Wir reden nicht alle durcheinander.
______________________	7. Wir lachen niemanden aus.

13 **Benimmregeln international –** Unterstreiche alle Verben in dieser Geschichte! **Tipp:** Vergiss nicht auf die Verbzusätze (4)!

Kräftiges Händedrücken ist in Indien unerwünscht. In China wiederum zeigt man niemals mit dem Zeigefinger auf jemanden. Ebenso sieht man das Schnäuzen nicht gerne in der Öffentlichkeit. Der Engländer drückt sein Bedauern aus, auch wenn ihm ein anderer auf den Fuß tritt. In Frankreich bringt man der Dame des Hauses einen Blumenstrauß oder Pralinen mit. In Russland umarmt der eine den anderen bei der Begrüßung. Sehr oft gibt es auch einen Wangenkuss. Lädt man in den USA jemanden zu sich nach Hause ein, bleibt der Gast nicht länger als drei Stunden. Viele Amerikaner schneiden Fleisch oder Fisch erst in mundgerechte Portionen und essen dann mit der rechten Hand, während die linke im Schoß liegt. Brotstücke ersetzen in Arabien das Besteck. Man taucht es nur einmal in die Speise und isst das Brot stets mit. Die linke Hand gilt im islamischen Raum als unrein, deshalb immer mit der rechten Hand essen. In Südamerika kommt man üblicherweise eine Stunde später zu einer Feier.

Nun geht's los – Aufgaben für schlaue Köpfe!

1 **Lernzielkontrolle:** Vervollständige Imanis Schummelzettel! ★

Ein Verb beschreibt Tätigkeiten oder ______________.
Es sagt aus, ______________ oder was ist.
Im Satz sind die Verben das Prädikat
(die ______________).
Im Wörterbuch findest du die Verben immer im ______________.

2 Um welche Personalpronomen geht es hier? Kreuze alle Möglichkeiten an! ★★★★

Verben	1.P./Sg. ich	2.P./Sg. du	3.P./Sg. er/sie/es	1.P./Pl. wir	2.P./Pl. ihr	3.P./Pl. sie
sucht	○	○	○	○	○	○
lausche	○	○	○	○	○	○
laufe weg	○	○	○	○	○	○
telefoniert	○	○	○	○	○	○
trinken	○	○	○	○	○	○
weinst	○	○	○	○	○	○
löst	○	○	○	○	○	○
zieht an	○	○	○	○	○	○
hören	○	○	○	○	○	○
meint	○	○	○	○	○	○
zeichne	○	○	○	○	○	○
kaufst ein	○	○	○	○	○	○

3 **Was stimmt hier nicht?** Stelle folgende Beispiele richtig! ★★★

ich geht *ich* ______________

er lachst ______________

ihr rechnen ______________

wir schreibt ______________

es läutest ______________

du singe ______________

es schneien ______________

ihr brauche ______________

Nun geht's los – Aufgaben für schlaue Köpfe!

4 **Hier fehlt etwas!** Was kannst du jeweils vor das trennbare Verb setzen, damit es immer noch Sinn ergibt! ★★

ent__________ __________ __________ __________

-kommen -ziehen

__________ __________ __________ __________

5 Verwende nun alle acht Beispielwörter sinnvoll in Sätzen in deinem Heft! ★★★

6 **SEID oder SEIT?** Setze richtig ein! ★

__________ einigen Tagen übe ich schon den Unterschied zwischen __________ und __________.

__________ gestern sitze ich an dieser Hausübung. __________ ihr schon fertig?

__________ ihr mit dem Thema Dinosaurier vertraut? __________ Millionen von Jahren sind diese ausgestorben.

__________ ihr alle da? Diese Frage stellt der Kasperl, __________ es ihn gibt.

Ihr __________ wirklich toll. Ihr __________ die besten Schüler/innen der Welt.

__________ ihr euch dessen bewusst?

Blitzlicht

Ich kenne die Merkmale eines Verbs. (1)	○	○	○
Ich kann anhand der Personalendung das Verb den Personen und der Zahl zuordnen. (2)	○	○	○
Ich kann fehlerhafte Personalendungen anhand der Personalpronomen korrigieren. (3)	○	○	○
Ich kann trennbare Verben mit Verbzusätzen ergänzen. (4)	○	○	○
Ich beachte bei trennbaren Verben die Satzstellung. (5)	○	○	○
Ich weiß, wann ich in einem Satz seit oder seid verwende. (6)	○	○	○

Meine Familie und ich

1 **Geheimsprache:** Lies diese lustige Geschichte! Versuche anschließend, diesen Text deinem Sitznachbarn/deiner Sitznachbarin schon verbessert laut vorzulesen! Dann wechselt die Rollen! **Tipp:** 1. Zeile: Ich habe einen **V**ater, eine **M**utter und zwei **ä**ltere Ge**schw**ister.

Ich und meine Flammlilie

Ich habe einen Kater, eine Butter und zwei kältere Geknister. Mein Kater ist Hahnarzt, meine Butter ist Kehrerin und unterlichtet Geogra-Vieh und Rally-go-on. Wir wohnen in der Stadt Schnalzburg, im Lande Klösterbleich.

Wir sind alle sehr bierliebend, haben einen Quellenfittich, eine Wildkröte und einen Bernhar-Diener.

Die Eltern meines Katers sind meine Mooseltern. Mein Mooskater ist Würgermeister, meine Moosbutter ist Mausfrau. Sie wohnen in einem kleinen Wort in der Nähe von Hühnchen.

Meine Mooseltern butterlicherseits haben ein Speisebüro in Prinz an der Donau und speisen beruflich und privat in der Pflanzen Welt herum.

Die Geknister meiner Eltern sind meine Monkel und Kanten. Ein Monkel ist Schnarchitekt, ein anderer ist Zwergführer. Eine Kante ist Lachärztin für Rinderheilkunde, eine andere ist Rennsäuferin und hat schon viele Greise gewonnen.

Wenn ich einmal grob bin, möchte ich Bierpfleger oder Schluckerbäcker werden, vielleicht aber auch Klodirektor oder Kastronaut.

(bearbeitet nach Gerda Anger-Schmidt)

2 Jetzt beschreibe doch deine Familie in deinem Heft!

3 **Geheimsprache selbst verfassen:** Nun schreibe deine Geschichte auf einem A3-Blatt so um, dass nur die geschicktesten Leser oder Leserinnen sie verstehen können!

Tipps:

1. Tausche z. B. alle Vokale aus!
→ aus **a** wird **u** und aus **e** wird **i** (Vater = V**u**t**i**r)

2. Ergänze das Wort um einen weiteren Buchstaben!
→ Onkel = **M**onkel

3. Ersetze den ersten Buchstaben durch einen Buchstaben deiner Wahl!
→ **T**ante = **K**ante

4 Zeichne auch einen Stammbaum dazu und klebe Fotos auf!

Von Kopf bis Fuß

1 HB 7: **Wer bin ich?** Höre dir die Beschreibung dieser geheimnisvollen Person zuerst genau an! Dann fülle diesen Steckbrief aus!

WANTED

Alter: __________ Wohnort: ______________________________

Größe: __________ Körperbau: ______________________________

Gesichtsform: ______________ Augenfarbe: ______________

Frisur: ____________________________________

besondere Kennzeichen: ____________________________________

____

Lieblingskleidung: ____

____

Eigenschaften: ____

____

Lieblingstier: ____

Freunde: ____

____

ACHTUNG: Wenn dir noch Informationen fehlen, dann höre dir die Personenbeschreibung noch einmal an!

2 Nun kreuze jenes Bild an, welches diese Person darstellt!

Die Person heißt ... ______________________________

3 In dieser Beschreibung von Harry Potter fehlen alle Satzanfänge. **Ergänze sie mit Hilfe der Tabelle!**

Auffallend an ihm ist …
Er ist 1, 45 m …
Diese besteht aus …
Sie beschreiben ihn als …
Harry Potter hat …
Außerdem trägt er …
Seine Gesichtsform ist …
An kalten Tagen …
Harrys beste Freunde heißen …
Die gesuchte Person …
Mädchen gegenüber …
In der Schule …
Harry ist elf Jahre …
Sein Lieblingstier ist …

______________ heißt Harry Potter und lebt in England. ______________ alt. ______________ groß und schlank. ______________ oval. ______________ kurze, schwarze Haare und seine Augen sind grün. ______________ seine Narbe auf der Stirn. ______________ eine runde Brille und hat seinen Zauberstab immer mit dabei. ______________ Ron und Hermine. ______________ neugierig, hilfsbereit und mutig. ______________ zeigt er sich bescheiden und schüchtern. ______________ muss Harry eine Uniform tragen. ______________ einer schwarzen Hose und einer rot-orange-gestreiften Krawatte. ______________ zieht er seinen grauen Pullover mit V-Ausschnitt an. ______________ die Schnee-Eule Hedwig.

4 In Harrys magischem Fotoalbum sind auf fünf Fotos nur Ausschnitte zu erkennen – **Was könnte dies sein?**

1 ______________

2 ______________

3 ______________

4 ______________

5 ______________

REZEPT Personenbeschreibung

Was du alles brauchst, um eine Person so zu beschreiben, dass sich der Leser/die Leserin ein genaues Bild von dieser Person machen kann, findest du hier als **Rezept**:

In deiner Personenbeschreibung sollst du das **AUSSEHEN**, die **EIGENSCHAFTEN** und die **VORLIEBEN** einer Person beschreiben. Dabei musst du dich an eine **bestimmte** Reihenfolge halten.

1. Schreibe in der Gegenwart!
2. Beginne mit den **allgemeinen Informationen** (Name, Alter, Geburtsort, …) zu einer Person! → ABSATZ
3. Anschließend beschreibe das **Aussehen** – von oben nach unten!

   TIPP: Achte darauf, die äußeren Merkmale so genau wie möglich zu beschreiben, ohne dabei beleidigend zu werden! Das macht eine gute Personenbeschreibung aus.

   Vergiss dabei nicht, auch die Kleidung zu beschreiben und besondere Merkmale anzugeben wie Sommersprossen, Brille, Narbe, Zahnspange usw.! → ABSATZ

4. Dann führe noch die **Eigenschaften** (freundlich, hilfsbereit, …) und die besonderen **Vorlieben** (Hobbys, Lieblingsessen, …) der Person an. → ABSATZ
5. Wenn du die Person kennst, verfasse noch einen Satz, in dem du begründest, warum du die Person magst!

5 **Versuche nun, dieses Rezept umzusetzen! Bringe diese Personenbeschreibung in die richtige Reihenfolge, indem du die Nummern 1 bis 5 einsetzt!**

☐ Sie zieht am liebsten enge, blaue Jeans und T-Shirts mit lustigen Aufdrucken an. Es ist ihr sehr wichtig, dass ihre Kleidung modisch und schick ist. Ihre roten Turnschuhe sind ihr Markenzeichen.

☐ Meine beste Freundin heißt Manuela und ist elf Jahre alt. Sie wohnt in Neumarkt in der Steiermark. Ihre Freundinnen nennen sie meistens nur Manu. Seit September geht sie in die erste Klasse einer Mittelschule.

☐ Meistens ist Manu gut aufgelegt. Sie hat viele Freundinnen, mit denen sie ihre Freizeit verbringt. Zu ihren Hobbys gehören Schwimmen und Lesen.

☐ Manuela hat ein ovales Gesicht. Ihre hellblonden, glatten Haare sind schulterlang. Manuelas Augen sind strahlend blau mit langen Wimpern. Sie ist mittelgroß, schlank und hat eine sportliche Figur.

☐ Ich mag Manuela, weil sie immer da ist, wenn ich sie brauche. Sie ist meine beste Freundin.

6 **Unterstreiche im Text die einzelnen Abschnitte einer Beschreibung in den vorgegebenen Farben!**

allgemeine Informationen — Aussehen — Eigenschaften — Vorlieben — Schlusssatz

Jemanden zu beschreiben, ist gar nicht so einfach. Hier findest du in dieser Wort-Schatzkiste viele Wörter, die du zum Beschreiben von Personen verwenden kannst.

Wort-Schatzkiste

Name

Geschlecht
Mann ✶ Frau ✶ Mädchen ✶ Junge/Bub

Größe
klein ✶ groß ✶ genaue Größenangabe → 1, 54 m oder 154 cm

Alter
Kleinkind ✶ Schulkind ✶ Jugendlicher/Jugendliche ✶ Mann/Frau im mittleren Alter ✶ ein älterer Mann/eine ältere Frau ✶ genaue Altersangabe → er/sie ist elf Jahre alt

Körperbau
groß ✶ klein ✶ dünn ✶ mollig ✶ übergewichtig ✶ muskulös ✶ sportlich ✶ rundlich ✶ schlank ✶ schmächtig ✶ breite/schmale Schultern ✶ lange/kurze Beine

Gesicht
Gesichtsform: rund ✶ breit ✶ länglich/kantig ✶ schmal ✶ eckig ✶ oval
Besonderheiten: breites, spitzes oder schmales Kinn ✶ Grübchen ✶ Falten ✶ Vollbart ✶ Schnurrbart

Haare
Haarlänge: lang ✶ kurz ✶ mittellang ✶ schulterlang
Frisur: glatt ✶ gelockt ✶ gekräuselt ✶ gewellt ✶ dünn ✶ voll ✶ dicht ✶ Halbglatze ✶ Glatze ✶ Geheimratsecken ✶ Zöpfe ✶ Pferdeschwanz ✶ hochgesteckt
Haarfarbe: hell- oder dunkelblond ✶ hell- oder dunkelbraun ✶ rötlich ✶ rotbraun ✶ schwarz ✶ grau ✶ weiß ✶ Strähnen

Kopf
Ohren: groß ✶ klein ✶ anliegend ✶ abstehend
Nase: lang ✶ kurz ✶ gerade ✶ groß ✶ klein ✶ breite/schmale Nasenflügel ✶ Hakennase ✶ Stupsnase ✶ Knollnase
Mund: groß ✶ klein ✶ schmal ✶ breit ✶ volle Lippen ✶ geschwungene Lippen

Augen
Augenform: klein ✶ groß ✶ eng zusammenliegend ✶ weit auseinanderliegend ✶ hervortretend
Augenfarbe: grün, hell- oder dunkelbraun ✶ hell- oder dunkelblau ✶ graugrün
Augenbrauen: geschwungen ✶ buschig ✶ zusammengewachsen ✶ gezupft ✶ schmal ✶ breit ✶ braun ✶ blond ✶ schwarz
Wimpern: lang ✶ kurz ✶ dicht

Kleidung
auffallend ✶ modern ✶ altmodisch ✶ bequem ✶ chic ✶ elegant ✶ teuer ✶ bunt ✶ sauber ✶ T-Shirt ✶ Pullover ✶ Jeans ✶ Bluse ✶ Jacke ✶ Hemd ✶ Kappe

besondere Kennzeichen
Narbe ✶ Muttermal ✶ Sommersprossen ✶ Tätowierung ✶ Piercing ✶ Brille

7 Erstelle einen Steckbrief über einen Mitschüler/eine Mitschülerin mit Hilfe der Wort-Schatzkiste! Wer in der Klasse errät, um wen es sich handelt?

8 **HB 8:** Welche Person ist hier gemeint? **Höre genau zu und fülle die Lücken!**

Die Frau ist ________ Jahre alt und heißt ____________________. Sie ist von Beruf ______________________________. In ihrem Job hat sie viel ______________________________.

Sie hat eine ____________________ Gesichtsform. Ihre Augen sind ________________________ und ________________________. Sie hat glattes, feines, blondes, ______________________ Haar.

Sie lächelt nie, weil ____. Auf ihrer ___________________ Wange hat sie ein ____________________ mal.

9 **Nun kreuze an, um welche Person es sich hier handelt!**

Vorlieben

Roxana: Meine Hobbys sind Eislaufen, Skateboardfahren, Gameboy- und Kartenspielen.

Marie: Meine Hobbys sind Tanzen, Flötespielen, Einradfahren, Brettspiele und Schifahren.

Milan: Meine Hobbys sind Radfahren, Judo, Comics lesen und Playstation spielen.

Lukas: Meine Hobbys sind Fußballspielen, mich um mein Kaninchen kümmern und Tischfußball.

Julia: Meine Hobbys sind Tischtennis, Karaoke, ins Kino gehen und Inlineskaten.

Wenn du deine Hobbys aufschreibst, achte darauf, dass Wörter wie „lesen, schwimmen, …" großgeschrieben werden!

Beispiel: tanzen – das Tanzen/Mein Hobby ist (das) Tanzen.
Willst du mit mir Fußball spielen?/Mein Hobby ist (das) Fußballspielen.

!

Meine Hobbys sind ____

____

pantomimisch: etwas ohne Worte darstellen

10 **Pantomimisch auf der Suche** – Suche dir, ohne zu reden, zwei Mitschüler/innen, die dasselbe Hobby wie du haben!

Nun geht's los – Aufgaben für schlaue Köpfe!

1 **Was ist was?** Ordne diesen schwierigen Begriffen die Nummern der Bilder richtig zu! ★★★★

- ☐ mollig
- ☐ Knollnase
- ☐ gekräuseltes Haar
- ☐ Halbglatze
- ☐ Geheimratsecken
- ☐ länglich/kantig
- ☐ oval
- ☐ Grübchen
- ☐ Schnurrbart
- ☐ muskulös
- ☐ schmächtig
- ☐ Nasenflügel
- ☐ Hakennase
- ☐ Stupsnase
- ☐ Zöpfe

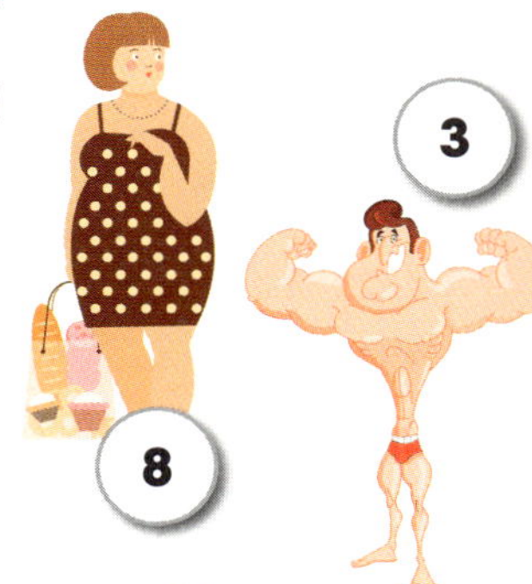

2 **KÖRPER-SPRACHE:** Um welche Körperteile geht es hier? Setze ein! ★★★★★

Ein _______________ auf jemanden werfen.

Meine _______________ läuft.

Einen Floh ins _______________ setzen.

Nimm dir kein Blatt vor den _______________ !

Die _______________ in die _______________

nehmen.

Sich die _______________ raufen.

Mit dem _______________ durch die Wand.

Auf großem _______________ leben.

3 Kläre mit Hilfe des Internets die Bedeutung dieser Redewendungen! ★★★

Nun geht's los – Aufgaben für schlaue Köpfe!

4 **Mind-Mapping – eine Gedankenkarte!** Lies zuerst die Schritte, wie man eine gelungene Mind-Map selbst erstellt! ★

Die **Mind-Map** ist eine Gedankenkarte, die dir hilft, deine Gedanken frei zu entfalten und die Fähigkeiten deines Gehirns besser zu nutzen. Dabei entsteht eine bildhafte Darstellung deiner Gedanken, also so etwas wie eine Gedankenkarte.

1. SCHRITT: Das Hauptthema aufschreiben: Beim Mind-Mapping schreibst du das Hauptthema in die Mitte eines Blattes.

2. SCHRITT: Oberbegriffe finden und Stichwörter dazu passend aufschreiben: Zu den Oberbegriffen notierst du deine Gedanken in Stichwörtern auf Linien, die von der Mitte des Mind-Maps ausgehen.

5 Wie das geht, siehst du hier. Vervollständige diese Mind-Map! ★★

6 Verfasse nun mit Hilfe deiner Mind-Map eine Personenbeschreibung in deinem Heft über Wickie! ★★★★★

Blitzlicht

Ich kann anhand von Bildern die Bedeutung von Wörtern erkennen. (1)	○	○	○
Ich kann mit Hilfe von Bildern Redewendungen ergänzen. (2)	○	○	○
Ich kann im Internet nach der Bedeutung der Redewendungen suchen. (3)	○	○	○
Ich kann anhand einer Anleitung eine Mind-Map erstellen und mit Hilfe dieser eine Personenbeschreibung verfassen. (5 + 6)	○	○	○

Das Adjektiv (Eigenschaftswort/Wie-Wort)

ADJEKTIVE

Ein **ADJEKTIV/Eigenschaftswort** beschreibt, wie jemand oder etwas ist. Es kann aber auch eine **Tätigkeit** oder ein **Verhalten** beschreiben.

FRAGEN: Wie ist etwas? Was für ein/eine …?

Adjektive werden in der Regel **kleingeschrieben**!

1 Finde alle ADJEKTIVE in dieser Wortschlange und male sie an!

großgesichtgehenkochenrundwickelneitelwurmrot
unterstreichenMarienkäferblondradierenPullover

2 Unterstreiche in diesem Text **„Aus der Sicht einer Mutter"** alle ADJEKTIVE mit Lineal! **Tipp:** Die Zahlen am Satzende verraten dir, wie viele Adjektive in einem Satz stehen.

Ich habe einen aufgeweckten Sohn, der Oskar heißt. **(1)** Er ist manchmal schwierig. **(1)** Wenn er sein großes Zimmer aufräumen soll, muss ich ihn mehrmals höflich bitten. **(2)** Er hasst es! **(0)** Ich ärgere mich immer, wenn mein cooler Sohn nicht nach Hause kommt, wie ausgemacht. **(1)** Wenn das passiert, dann erwarte ich einen Anruf und eine ehrliche Entschuldigung. **(1)** Ich mache mir ansonsten große Sorgen. **(1)** Wenn Oskar Probleme hat, spricht er mit mir, holt sich Rat und vertraut mir seine schlimmsten Ängste an. **(1)** Habe ich einmal eine schwere Grippe, sorgt er sich liebevoll um mich, geht einkaufen und kümmert sich auch um unsere Haustiere. **(2)**
So ist das eben, einmal sind Kinder liebenswert, aber manchmal können sie auch mühsam sein. **(2)**

3 **Rollentausch** – Schlüpfe in die Rolle deines Vaters/deiner Mutter oder deines besten Freundes/deiner besten Freundin und erzähle in deinem Heft über dich!

4 **Bewegendes Wortarten-Spiel:**
Dein Lehrer/Deine Lehrerin nennt euch beliebige Beispiele für Nomen, Verb und Adjektiv.
Versuche diese nun per Handzeichen, richtig darzustellen!

NOMEN

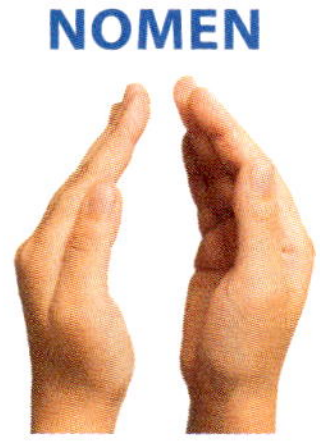

VERB

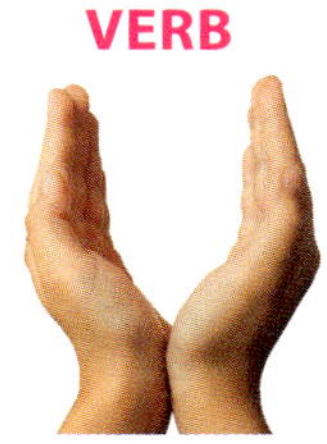

ADJEKTIV

Adjektive kann man steigern

Der Gepard ist 120 km/h schnell. Ein Porsche ist schneller als ein Gepard, er fährt nämlich doppelt so schnell. Aber am schnellsten fährt der ICE-S, weil er um 210 km/h schneller als der Gepard ist.

schnell → schneller → am schnellsten

5 Trage die Geschwindigkeiten richtig ein!

_____ km/h | _____ km/h | _____ km/h

Adjektive können gesteigert werden. Man unterscheidet:

STEIGERUNG

Positiv/ Grundstufe		Komparativ/ Mehrstufe		Superlativ/ Meiststufe
klein	→	kleiner	→	am kleinsten

6 Steigere folgende Adjektive!

POSITIV	KOMPARATIV	SUPERLATIV
dünn		
		am witzigsten
		am höflichsten
schlau		
	tiefer	
hell		
		am feinsten
modern		
	fleißiger	
reich		

UMLAUT bei der STEIGERUNG

Manche Adjektive benötigen im Komparativ und Superlativ einen **UMLAUT**.

lang – l**ä**nger – am l**ä**ngsten

Enden Adjektive auf -d, -t, -s, -ss, -ß, -sch und wird die letzte **Silbe** betont, so bildet man den Superlativ mit **-e**sten.

geschickt – geschickter – am geschickt**e**sten

7 Steigere diese Adjektive in deinem Heft! Fertige dazu eine Tabelle an!

Positiv	Komparativ	Superlativ

Silbe: Laut- oder Buchstabenfolge

härter ✶ fremd ✶ klüger ✶ am stärksten ✶ spannender ✶ nass ✶ am jüngsten ✶ bunt ✶ am schärfsten

!

VORSICHT: Manche Adjektive können **nicht** gesteigert werden:

Beispiele: tot, lebendig, schwanger, stumm, nackt, blind, rund, eckig, quadratisch, voll usw.

8 **ACHTUNG: Stolpersteine bei der Steigerung** – Suche die zusammenpassenden Adjektivgruppen und male die Kästchen mit gleicher Farbe an! Übertrage sie dann in dein Heft!

näher | größer | gern | am höchsten | gut

teuer | mehr | besser | am teuersten | nah | viel | hoch

am nächsten | lieber | am größten | am liebsten

groß | höher | teurer | am besten | am meisten

Unregelmäßige Steigerungen beim Adjektiv

9 **Was trifft auf Adjektive zu?** Kreuze jene zwei Aussagen an, die richtig sind!

- ☐ Adjektive werden immer großgeschrieben.
- ☐ Manche Adjektive benötigen im Komparativ und Superlativ einen Zwielaut.
- ☐ Alle Adjektive kann man steigern.
- ☐ Adjektive beschreiben, wie etwas oder jemand ist.
- ☐ Mit Hilfe von Adjektiven kannst du einen Text spannender gestalten.
- ☐ Die Grundstufe heißt Superlativ.

Die megaüberdrübersupergenialcoolste

Die Vergleichsformen

Wenn du etwas oder jemanden miteinander vergleichst, beachte Folgendes:

Paul ist **so groß wie** Martin. = Gleichheit → **so + POSITIV + wie**

Martin ist **größer als** Julian. = Ungleichheit → **KOMPARATIV + als**

WIE

ALS

10 Bist du schlau **wie** ein Fuchs oder schlauer **als** ein Fuchs? **Wie oder als?** Kreuze an!

Pfau:

fromm: gläubig; gutmütig

stolz	◯ wie	◯ als	ein Pfau
fleißiger	◯ wie	◯ als	eine Biene
diebisch	◯ wie	◯ als	eine Elster
flinker	◯ wie	◯ als	ein Wiesel
stumm	◯ wie	◯ als	ein Fisch
stark	◯ wie	◯ als	ein Bär
fromm	◯ wie	◯ als	ein Lamm

11 **Bilderrätsel – Gleich oder ungleich?** Formuliere anhand der Vorgaben passende Sätze wie im Beispiel vorgegeben in deinem Heft!

Im Sommer ist es heißer als im Winter.

Nun geht's los – Aufgaben für schlaue Köpfe!

1 Kreise alle Adjektive ein! ★

2 **So viele Bücher** – Wer liest **wenig**, **viel**, am **meisten**? Ziehe Vergleiche und schreibe deine Erkenntnisse in ganzen Sätzen auf! ★★★

Ben: Jana = *Ben liest weniger als Jana.*

Willi: Roxana = ______________________________

Dragan: Clara = ______________________________

Roxana: Willi = ______________________________

Ben: Dragan = ______________________________

Roxana = ______________________________

Clara = ______________________________

Nun geht's los – Aufgaben für schlaue Köpfe!

3 Verbinde mit Hilfe des Lineals richtig! ★★★

GRUNDSTUFE	am liebsten	Superlativ
MEHRSTUFE	lieb	Positiv
MEISTSTUFE	lieber	Komparativ
POSITIV	gut	Meiststufe
SUPERLATIV	am besten	Mehrstufe
KOMPARATIV	besser	Grundstufe
KOMPARATIV	neuer	Superlativ
GRUNDSTUFE	neu	Positiv
MEISTSTUFE	am neuesten	Mehrstufe

4 **Schüttle doch mal** – Hier in diesem Zungenbrecher sind alle Adjektive geschüttelt. Nur der erste und der letzte Buchstabe stehen an der richtigen Stelle! Schreibe diese Wörter korrekt auf! ★★★★★

Fischers Fritze fischt **fichsre** Fische für Frida, ____________________

ftueche Forellen für Franziska, ____________________

femrde Flaschenpost für Florian, ____________________

fdrliieche Fledermäuse für Florians Freund, ____________________

fchere Fasane für Frau Fragemann, ____________________

frosche Frösche für Filip, ____________________

frieredne Förster für fünf Fensterputzer. ____________________

5 Lies jemandem in der Klasse nun diesen Zungenbrecher so schnell wie möglich fehlerfrei vor! Dann wechselt die Rollen! ★★★★ Wer macht weniger Fehler?

Blitzlicht

	☀	☁	⚡
Ich erkenne aus unterschiedlichen Wortarten die Adjektive. (1)	○	○	○
Ich kann eine Grafik lesen und mit Hilfe dieser die Vergleichsformen richtig anwenden. (2)	○	○	○
Ich kann Fachbegriffe der Steigerungsstufen den Beispielen zuordnen. (3)	○	○	○
Ich kann geschüttelte Adjektive richtigstellen. (4)	○	○	○
Ich kann einen Zungenbrecher schnell und fehlerfrei vorlesen. (5)	○	○	○

Adjektive für die Personenbeschreibung

1 **Eigenschaften von A bis Z** – Lies dir diese Wort-Schatzkiste genau durch! Markiere dir unbekannte Wörter! Dann besprecht in der Klasse ihre Bedeutung!

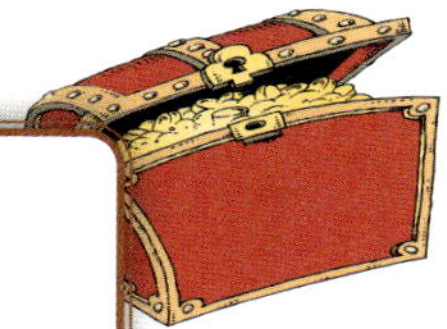

Wort-Schatzkiste

abenteuerlustig
aggressiv
ängstlich
aufmerksam
beliebt
bemüht
bequem
bescheiden
chaotisch
charmant
clever
cool
dankbar
dickköpfig
egoistisch
ehrgeizig
ehrlich
eifrig
eitel
ernst
familiär
fantasiereich
fleißig
freundlich
fröhlich
geduldig
gefühlvoll

geizig
geschickt
großzügig
gutmütig
heiter
hilfsbereit
höflich
humorvoll
ideenreich
intelligent
jung
jugendlich
kindlich
klug
konsequent
kontaktfreudig
kreativ
lebensfroh
lebhaft
liebenswert
liebevoll
lustig
mitfühlend
modisch
mutig
nett
neugierig

offen(herzig)
optimistisch
ordentlich
organisiert
originell
pflichtbewusst
positiv
pünktlich
quirlig
redegewandt
reif
reiselustig
romantisch
ruhig
sanft(mütig)
schlagfertig
schlau
schüchtern
selbstbewusst
selbstsicher
sensibel
sorgsam
spaßig
sportlich
sympathisch
talentiert
teamfähig

temperamentvoll
tierlieb
tüchtig
umgänglich
umsichtig
ungeduldig
ungewöhnlich
vergesslich
verlässlich
vernünftig
verspielt
verständnisvoll
verträumt
vorsichtig
wählerisch
weise
willensstark
wissbegierig
witzig
wohlerzogen
wortkarg
zaghaft
zauberhaft
zielstrebig
zögerlich
zufrieden
zuverlässig

2 **Lass deinen Körper sprechen!** Wähle drei Begriffe aus der Wort-Schatzkiste und stelle diese deinen Mitschüler/innen pantomimisch dar!

3 Wähle nun weitere fünf Wörter und finde gegensätzliche Bedeutungen in deinem Heft!

mutig – feig

4 Welche Wörter haben in der Wort-Schatzkiste eine ähnliche oder gleiche Bedeutung? Schreibe diese in dein Heft!

intelligent – klug

5 **Partnerdiktat** – Markiere in der Liste 20 Wörter und präge sie dir gut ein! Dann bitte jemanden, sie dir zu diktieren! Wechselt dann die Rollen!

6 Wähle aus den Schattenbildern eine Person aus! Denke dabei an eine konkrete Person in deiner Schule und beschreibe diese in deinem Heft! **Tipp:** Verwende dazu diese Checkliste – sie hilft dir beim Schreiben!

Checkliste

- ◯ Ich habe die Reihenfolge eingehalten: allgemeine Informationen → Aussehen → Vorlieben → Eigenschaften
- ◯ Ich habe beim Aussehen die Person von oben nach unten beschrieben.
- ◯ Ich habe sehr genau beschrieben und war nie beleidigend.
- ◯ Ich habe viele Eigenschaftswörter (Adjektive) verwendet, damit ein anderer/eine andere sich die beschriebene Person gut vorstellen kann.
- ◯ Ich habe mit meinem letzten Satz erklärt, warum ich die Person mag.
- ◯ Ich habe unterschiedliche Satzanfänge verwendet.
- ◯ Ich habe meinen Aufsatz in Absätze gegliedert.
- ◯ Ich habe eine Überschrift geschrieben/mir ausgedacht.
- ◯ Ich habe meinen Aufsatz 3-mal durchgelesen → Inhalt, Rechtschreibung und Grammatik.
- ◯ Ich habe das Wörterbuch verwendet.

7 Bei der Beschreibung von Obelix haben sich zehn Fehler eingeschlichen. **Finde sie mit Hilfe der Zeichnung und unterstreiche sie im Text! Dann schreibe den Text richtig in dein Heft!**

Mein Freund Obelix ist sehr groß und schmächtig gebaut. Er hat eine riesige Stupsnase und kleine Augen. Sehr auffällig sind seine schwarzen Zöpfe mit roten Schleifen, auch sein Schnurrbart ist rot. Auf dem Kopf trägt er einen Helm. Sein Oberkörper ist immer bedeckt, nur eine blau-weiß-karierte Hose umspannt seinen kleinen Bauch. Ein breiter, grüner Gürtel mit einer goldenen Banane hält alles zusammen. Seine Schuhe sind in einem eleganten Schwarz gehalten und sehr bequem.

Er ist sehr gutmütig, jedoch mag er keine Römer. Wenn er welche trifft, kommt es immer zum Kampf. Obelix gewinnt immer, da er als Kind in einen Zaubertrank gefallen ist und übermenschliche Kräfte besitzt. Mit seinem kleinen weißen Elefanten Idefix besteht er viele Abenteuer.

Aus Fehlern lernen

Lisa ist verzweifelt. Ihr letzter Deutschaufsatz war ein rotes Meer: Rechtschreibfehler über Rechtschreibfehler. Zum Glück wusste ihr Onkel Rat. Seine Tipps helfen bei jeder Rechtschreibkrise. **Wenn du beim Schreiben unsicher bist, wende diese Regeln an!**

Einfache Grundregeln

Tipp 1: Deutlich sprechen – Schreibst du, wie du sprichst?

Lisa macht häufig Rechtschreibfehler, weil sie die Wörter so schreibt, wie sie diese spricht. Hier eine Auswahl ihrer häufigsten Fehlerwörter.

1 **Was meint Lisa damit?** **Schreibe die Wörter richtig daneben auf!** **Tipp:** Es hilft dir, wenn du die Wörter laut aussprichst, um zu wissen, was sie bedeuten.

Kwalle ______________________ *Füsik* ______________________

schpielen ______________________ *Kemie* ______________________

Choa ______________________ *Schtall* ______________________

Jungel ______________________ *Kata* ______________________

Lisas Freundin Anita macht hingegen ganz andere Fehler. Sie schreibt so, wie sie im Dialekt spricht.

2 **HB 9:** **Höre Anita zu und trage dann die Wörter korrekt in die Lücken ein!**

Ich __________ mit ____________ Freundin ______________.

Am ____________ Nachmittag traf ich __________________ auf ______________ Moritz.

Dieser ____________ ein ________________ T-Shirt und _____ Jeans ________________.

Gemeinsam ___________ _____ noch ein __________________ Tag.

Tipp 2: Wörter verändern

Lisa hat von ihrem Onkel gelernt, dass man ein Wort auf sein Stammwort zurückführen kann, um es richtig zu schreiben. Wie das geht, das siehst du hier.

3 Bei welchem Wort kann man die richtige Schreibweise auf ein Stammwort zurückführen? **Kreise dieses ein und schreibe das Stammwort auf die leere Zeile!**

Gebäude → bauen	schnäuzen	sehen	sauber	Schnauze
lies → lesen	Glocke	Gast	gefährlich	______
	Stock	Stängel	Stein	______
	Haut	Häuser	hübsch	______
	Gärtner	Gruß	Gabel	______

Wie übe ich richtig alleine?

Markus Schreibefein gibt Lisa noch **Tipps**, wie sie alleine üben kann.

Das Laufdiktat:

Du schreibst dein Diktat auf ein Blatt Papier. Danach hängst du dieses einige Meter entfernt von deinem Schreibplatz auf. Dann startest du: Du läufst zu dem Blatt hin, merkst dir, so viel du kannst. Dann kehrst du zu deinem Platz zurück und schreibst auf, was du dir gemerkt hast. Wenn du alles aufgeschrieben hast, vergleiche mit dem Text auf dem Papier.

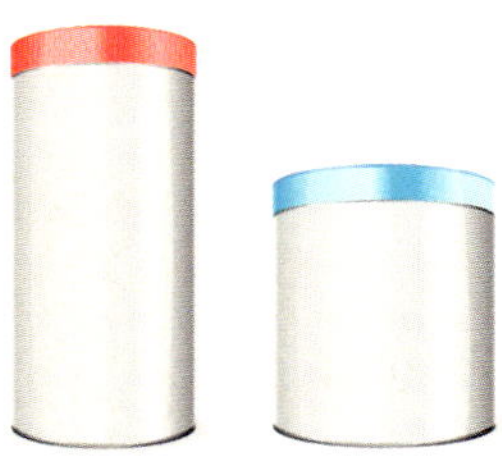

Das Dosendiktat:

Schreibe je einen Satz oder mehrere Wörter auf einen Streifen Papier. Fertige so viele Streifen an, wie in den Schlitz deiner Dose passen. Ziehe dann einen Streifen heraus, lies das Geschriebene und versuche, es fehlerfrei aufzuschreiben. Ist die Dose leer, kontrollierst du mit den Streifen. Wenn du den Satz oder die Wörter richtig geschrieben hast, darfst du den Streifen wieder in die Dose stecken.

Die Fehlerkartei

Wörter, die du in Aufsätzen, bei der Schularbeit oder bei Diktaten falsch geschrieben hast, schreibst du auf Lernkarten. Ein Wort pro Karte. Jede Karte anschauen, sich die richtige Schreibweise merken und dann aufschreiben. Hast du ein Wort fehlerlos geschrieben, gibst du es in Fach 2. Wenn du es falsch geschrieben hast, bleibt es in Fach 1. Arbeite so lange, bis alle Karten im Fach 2 sind.

Nun geht's los – Aufgaben für schlaue Köpfe!

1 **Da fehlt ja etwas** – Lies diese kurze Nachricht und schreibe diese Adjektive richtig darüber! ★★★

langen ✶ weißen ✶ grünen ✶ sportliche ✶ weiten ✶ großen ✶ schmal ✶ aktuelles ✶ blau ✶ rote ✶ spitzen ✶ blaue ✶ groß ✶ roten ✶ blond ✶ schmalen

Hi, Kerstin!

Ich bin 145 cm g☺☺☺ und habe eine s☺☺☺☺☺☺☺☺☺ Figur. Meine l☺☺☺☺☺ Haare sind b☺☺☺☺, mein Gesicht ist s☺☺☺☺☺ und meine g☺☺☺☺☺ Augen sind b☺☺☺. Auf meiner Stupsnase sitzt eine r☺☺☺ Brille. Du erkennst mich sofort an meinem s☺☺☺☺☺☺ Kinn und meinen s☺☺☺☺☺☺☺ Lippen. Wenn wir uns morgen sehen, werde ich eine b☺☺☺☺ Jeans und einen w☺☺☺☺☺, w☺☺☺☺☺ Sweater mit einem r☺☺☺☺ Herz tragen. Ich hoffe, du erkennst mich, wenn ich mit meinen g☺☺☺☺☺ Converse aus dem Zug steige. Ich schicke dir zur Sicherheit noch ein a☺☺☺☺☺☺☺☺ Foto von mir im Anhang mit.

Tschau, Petra

2 Das Passfoto wurde leider nicht mitgeschickt. Hilf Kerstin, indem du Petras Gesicht nach den Angaben im E-Mail zeichnest! ★★

Nun geht's los – Aufgaben für schlaue Köpfe!

3 **Personenquiz** – Wähle drei Personen aus und beschreibe diese in ganzen Sätzen deinem Sitznachbarn/deiner Sitznachbarin! Lass diesen/diese dann die Personen hier einkreisen! ★★

4 Kreuze an, welche zwei Wörter pro Zeile <u>nicht</u> auf ein Stammwort zurückgeführt werden können! ★★★★

○ Narbe	○ nummerieren	○ Maske	○ aufwändig
○ Sätze	○ mächtig	○ Arbeit	○ sauer
○ Soße	○ Läuse	○ Löcher	○ Nuss
○ Träume	○ läuten	○ Mantel	○ Bühne
○ säubern	○ Bär	○ Leute	○ Zähne

5 **Konzentriere dich – kannst du das?** Sag die Farbe, aber nicht das Wort! ★★★★

ROT GRÜN BLAU VIOLETT
BRAUN GELB SCHWARZ WEISS
ROSA ORANGE GRAU TÜRKIS

Blitzlicht

Ich kann anhand einer Beschreibung angegebene Adjektive richtig einsetzen. (1)	○	○	○
Ich kann nach einer Beschreibung eine Zeichnung anfertigen. (2)	○	○	○
Ich kann anhand von Bildern eine Person mündlich genau beschreiben. (3)	○	○	○
Ich kann Wörter auf ihr Stammwort zurückführen. (4)	○	○	○
Ich kann mich auf eine Aufgabe konzentrieren. (5)	○	○	○

Das Nomen (Hauptwort/Namenwort)

1 Was fällt dir beim Lesen dieses Gruselgedichtes auf?

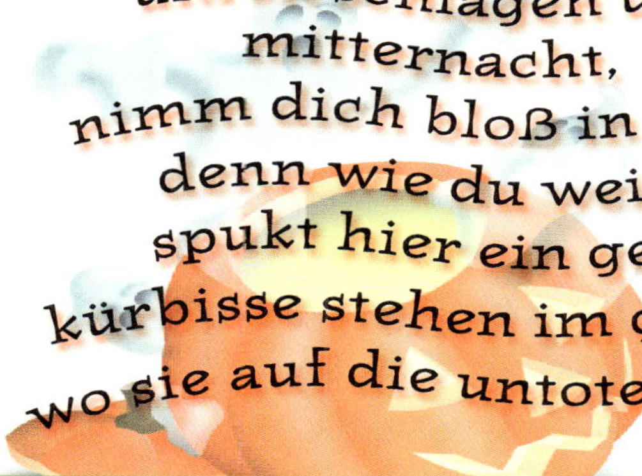

uhren schlagen um
mitternacht,
nimm dich bloß in acht,
denn wie du weißt,
spukt hier ein geist.
kürbisse stehen im garten,
wo sie auf die untoten warten.

Antwort: Alle Wörter ______

______

NOMEN — **NOMEN** benennen Personen, Lebewesen, Gegenstände, Gedanken, Gefühle, Eigenschaften, Zustände und Tätigkeiten.

2 **Welche Wörter würdest du anders schreiben?**
Übertrage das Gedicht richtig in dein Heft!

Sei doch schlau und
merk' dir bloß,
Nomen schreibt man
immer groß!

Konkreta und Abstrakta

KONKRETA — **KONKRETA** sind **Gegenstandswörter** wie Menschen, Tiere, Pflanzen und Dinge. Diese kannst du anfassen oder sinnlich wahrnehmen (sehen, hören oder riechen).

ABSTRAKTA — **ABSTRAKTA** sind **Begriffswörter** wie Gedanken, Gefühle, Eigenschaften, Zustände oder Tätigkeiten. Diese kannst du **nicht** anfassen.

3 Ordne diese abgebildeten Begriffe richtig zu!

Menschen	Tiere	Pflanzen	Dinge
Opa			

4 Ziehe mit der entsprechenden Farbe die Linien nach!

KONKRETA ABSTRAKTA

Schrei

Kaugummi Schreck Maske

Kürbis

Angst Party Horror

Schokolade

Ketten Gefahr Sarg

Der Artikel – ein wichtiger Begleiter des Nomens

ACHTUNG: Wenn du dir nicht sicher bist, welchen Artikel ein Wort hat, schaue im WB nach!

Oft steht ein **Artikel** (Begleiter) vor dem Nomen. Wir unterscheiden zwischen einem **bestimmten** und **unbestimmten** Artikel.

Bestimmter Artikel (der – die – das): Er zeigt dir das Geschlecht und die Zahl (Einzahl/Singular – Mehrzahl/Plural) eines Nomens an.

Unbestimmter Artikel (ein – eine – ein): Er kommt nur in der Einzahl vor.

Im **Plural** steht das Wort entweder ohne Artikel oder mit einem bestimmten Artikel.

DER

DIE

DAS

GESCHLECHT:
der → maskulin (männlich)
die → feminin (weiblich)
das → neutrum (sächlich)

5 Erstelle eine Tabelle in deinem Heft, in der du diese Nomen nach ihrem Geschlecht richtig einordnest! Notiere auch den bestimmten und unbestimmten Artikel!

maskulin	feminin	neutrum
der/ein Zauberer	*die/eine Fledermaus*	*das/ein Monster*

6 **Wörter raten** – Folge dieser Anleitung!

Wähle ein Wort aus der Wortsammlung aus! Dann schreibe es mit dem Zeigefinger in Großbuchstaben auf den Rücken deines Sitznachbarn oder deiner Sitznachbarin! Kann er oder sie das Wort erraten? Wechselt euch nun ab!

7 **Ein Nomen → zwei Artikel → zwei Bedeutungen:** Suche diese Nomen im Wörterbuch und notiere beide Artikel! Dann schreibe auf, was jedes Wort bedeutet, und bilde jeweils einen Satz! **ACHTUNG:** Manche Wörter haben mehrere Bedeutungen. Entscheide dich für eine und schreibe einen Satz!

Tor Junge Steuer Kiefer Hut

Beispiel: der See: ein Binnengewässer — die See: das Meer

Der See schimmert blau. — Die See ist heute stürmisch.

8 **Wortmemory:** Ein Wort – zwei Bilder. Verbinde zuerst die zusammenpassenden Kärtchen mit Pfeilen! Dann schreibe die Wortpaare rechts auf die Zeilen!

die ____________________

der ____________________

die ____________________

der ____________________

die ____________________

das ____________________

das ____________________

der ____________________

9 **Wortwitz!** Welches Wort hat hier drei Bedeutungen! Unterstreiche dieses!

„Warum haben Fische keine Haare?" – „Weil sie Schuppen haben." – „Und warum haben sie Schuppen?" – „Weil sie nichts dagegen tun." – „Und warum tun sie nichts dagegen?" – „Damit sie ihre Fahrräder unterstellen können."

Sprecht in der Klasse über die verschiedenen Bedeutungen des gesuchten Wortes!

10 Manche Nomen haben zwei Bedeutungen, obwohl sie den gleichen Artikel besitzen. **Ordne die unterstrichenen Nomen den Bildern richtig zu, indem du die Buchstaben richtig einsetzt!**

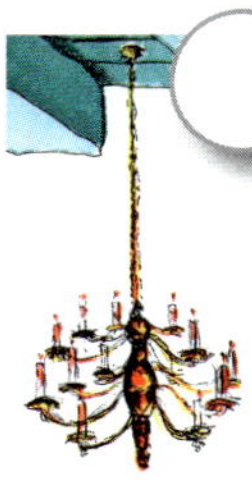

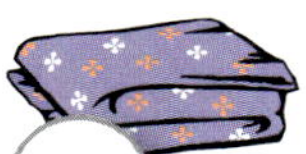

A Geister, Vampire, Skelette und Zombies feiern ein Fest im Schloss Frankenstein. **B** Es ist ein festlicher Ball. **C** An der Decke hängt ein prachtvoller Kronleuchter. **D** Kerzenförmige Birnen verbreiten gedämpftes Licht. **E** Ein Skelett sitzt am Flügel und spielt einen Boogie-Woogie. **F** Zur Begrüßung werden mit Blut gefüllte Birnen gereicht. **G** Fledermäuse schwirren mit ihren lederhäutigen Flügeln durch das Gebäude. **H** Ein Geist jongliert zur Unterhaltung der Gäste mit einem Ball. **I** Plötzlich fegt ein eisiger Wind durch den Saal und lässt die Gäste zu den Decken greifen. **J** Die riesige Eichentür wird mit einem goldenen Schloss versperrt – NIEMAND KANN ENTKOMMEN.

11 **Wähle vier Begriffe aus und erkläre deinem Sitznachbarn/deiner Sitznachbarin die Doppelbedeutung!** Dann wechselt die Rollen!

Komposita – Aus zwei mach eins

KOMPOSITA sind zusammengesetzte Wörter. Diese können aus zwei Nomen bestehen.
Beispiel: die NACHT + das GESPENST = das NACHTGESPENST

Bestimmungswort **Grundwort** **Kompositum**

Das **Grundwort** bestimmt das Geschlecht des zusammengesetzten neuen Wortes.
Beispiel: *das Blut + die Orange = die Blutorange*

ACHTUNG: Bei einigen Zusammensetzungen wird ein **Verbindungslaut** eingefügt. Häufige Verbindungslaute: **-s-, -n-, -er-**

Beispiele: die Friedhof**s**mauer, der Hexe**n**schuss, die Geist**er**villa

NOMEN
+
NOMEN

12 Aus welchen Nomen setzen sich folgende Komposita zusammen? **Ergänze immer mit Artikel!**
ACHTUNG: Manchmal benötigst du auch Verbindungslaute.

KOMPOSITA	Bestimmungswort	-s-, -n-, -er-	Grundwort
das Schlossgespenst	das	- - -	das
die Mondfinsternis			
die Katzenmusik			
die Totenfeier			
die Geisterbahn			
der Vampirzahn			
der Volksbrauch			

NOMEN + ADJEKTIV / VERB

KOMPOSITA können aber auch aus einem **Nomen** und einem **Adjektiv** bestehen.

Beispiel: METER + hoch = meterhoch
Nomen + Adjektiv = Adjektiv

Gleiches gilt auch für **Verben** und **Nomen**!

Beispiel: warten + Zimmer = das Wartezimmer
Verb + Nomen = Nomen

13 **Fülle die Lücken und schreibe zu jedem Kompositum einen Satz in dein Heft!**

die Butter	weich	
	leicht	kinderleicht
		der Stehkragen
die Sonne	klar	
	dunkel	stockdunkel
der Regen	nieseln	
	gruseln	die Gruselgeschichte
der Schnee	weiß	
		fantasievoll

REZEPT Gruselgeschichte

Wie auch andere Geschichten ist eine Gruselgeschichte in drei Abschnitte gegliedert:

EINLEITUNG – HAUPTTEIL – SCHLUSS.

1. Schreibe in der Gegenwart oder in der Mitvergangenheit!
2. **Einleitung:** Der Leser/Die Leserin muss auf das Thema eingestimmt werden und Personen, Orte werden kurz vorgestellt. → **ABSATZ**
3. **Hauptteil:** Hier muss Spannung aufgebaut werden. Eine Möglichkeit, Spannung aufzubauen, sind Einwortsätze wie „Stille!" und „Angst!", gruselige Redewendungen oder Kurzsätze wie „Plötzlich wurde es stockdunkel." → **ABSATZ**
4. **Schluss:** Die Spannung wird hier schließlich aufgelöst oder sogar das Ende offen gelassen.

14 **Stellt in der Klasse diese Redewendungen pantomimisch dar! Bildet dazu Gruppen!** Jede Gruppe wählt eine Redewendung aus und stellt diese vor.

Welche Redewendungen und Ausdrücke zum Gruseln fallen euch noch ein? Erstellt eine Liste!

1. Mir stehen die Haare zu Berge.
2. Mir läuft es eiskalt über den Rücken.
3. Das Blut gefriert mir in den Adern.
4. Blut und Wasser schwitzen
5. Mir stockt der Atem.
6. Starr vor Schreck

15 **Notiere alle deine Gedanken und Gefühle – ohne viel nachzudenken – rund um dieses Bild, so entsteht ein Cluster!**

Verfasse mit Hilfe deines Clusters eine wirklich spannende Geschichte! Verwende dazu mindestens drei gruselige Redewendungen!

16 **Erstelle für eine Gruselgeschichte mit Hilfe des Rezeptes eine „Checkliste" in deinem Heft!**
Tipp: Entweder nimmst du deine eigene Geschichte oder du suchst nach einer schaurigen in deinem Leseteil.

Nun geht's los – Aufgaben für schlaue Köpfe!

1 **Sehen – Sprechen – Reimen:** Schau dir zuerst diese Bilder an! Dann sprich die Wörter in einer Zeile aus! Nun suche die Reimpaare! In jeder Zeile befinden sich zwei davon. Kreuze diese an! ★★★

2 Suche dir aus Aufgabe 1) drei Reimpaare aus und verfasse ein kurzes Gedicht in deinem Heft! ★★★★

3 **Wortschlange** – Male in dieser Wortschlange alle NOMEN an! ★

SUCHENBUBGEHENUHUKOCHEN
EHESCHONKLEINRETTERANNA
LACHENTATDUNKELOTTOVIEL

Für Ratefüchse: Was fällt dir bei diesen Nomen auf? ★★

Antwort: ______________________________ = Dies nennt man **PALINDROM**.

4 **Für Profis:** Das geht auch mit ganzen Sätzen. Lies doch diese zwei Sätze einmal anders! ★★★

Ein Esel lese nie.
Ein Eis esse sie nie.

Nun geht's los – Aufgaben für schlaue Köpfe!

5 Unterstreiche in diesem Gedicht alle KONKRETA und ABSTRAKTA! ★★

Schlaflied

von Anne Steinwart

Hab keine Angst mein Kind
Die Nacht tut nicht weh
Keine Angst mein Kind
Sie ist eine Fee
Hab keine Angst mein Kind
Sie streut Sterne und Träume
Keine Angst mein Kind
Sie wiegt Blumen und Bäume

Hörst du mein Kind
Hörst du den Wind
Er tanzt auf dem See
Hörst du mein Kind
Er tanzt mit der Fee
Mit der Nacht auf dem See
Keine Angst
Keine Angst

6 Wähle aus dieser Rolle zehn Wörter aus und schreibe eine gruselige Geschichte! Halte dich dabei an das **Rezept „Gruselgeschichten"**! ★★★★ **Tipp:** Überschrift nicht vergessen!

Schatten ✶ starren ✶ Dunkelheit ✶ Angst ✶ Stille ✶ zu Tode erschrocken ✶ Nebel ✶ leichenblass ✶ Mitternacht ✶ Wald ✶ gespenstisch ✶ glitzern ✶ schreien ✶ unheimlich ✶ eiskalt ✶ Ruhe bewahren ✶ glitschig ✶ feucht ✶ leuchten ✶ zittern ✶ Geräusch ✶ weiche Knie ✶ Mondschein

Blitzlicht

	☀	☁	⚡
Ich kann mit Hilfe von Bildern die Reimpaare finden. (1)	○	○	○
Ich kann anhand von drei Reimpaaren ein kurzes Gedicht verfassen. (2)	○	○	○
Ich kann Nomen erkennen. (3)	○	○	○
Ich erkenne ein Satz-Palindrom. (4)	○	○	○
Ich kann in einem Text Konkreta und Abstrakta erkennen. (5)	○	○	○
Ich kann Reizwörter in einer Gruselgeschichte verwenden. (6)	○	○	○

Nomen und ihre Nachsilben

! **WICHTIG:** Manche Nomen erkennst du auch an ihren **Nachsilben**. Diese zeigen dir an, dass du das Wort **großschreiben** musst.

1 Präge dir zuerst einmal diese wichtigsten Nachsilben ein!

2 Nun ordne richtig zu!

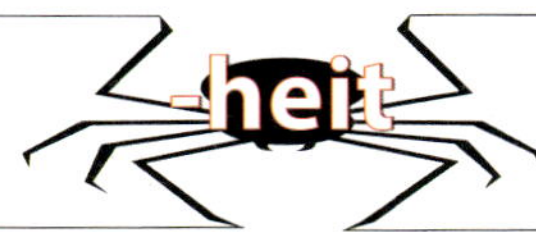

Eigenschaft

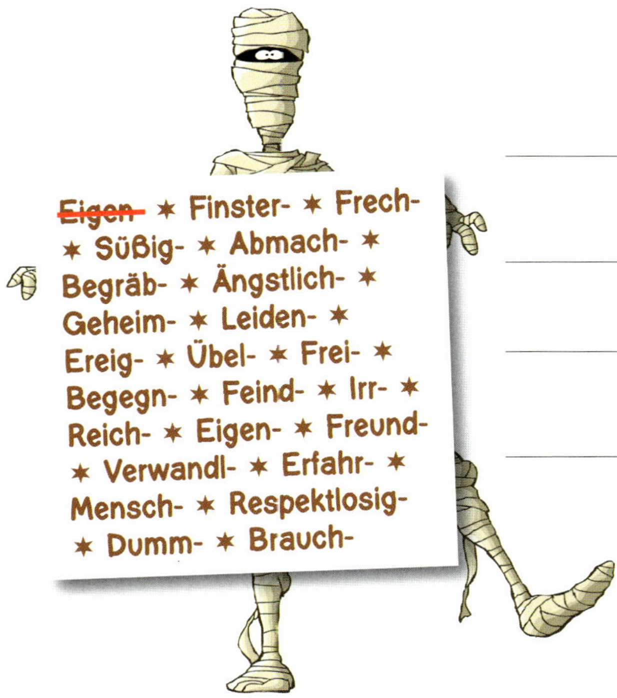

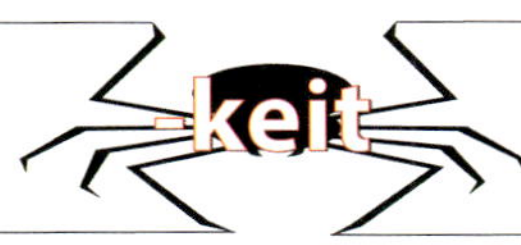

Suche jene Wörter im Wörterbuch, deren Bedeutung du nicht kennst, und schreibe sie in dein Heft!

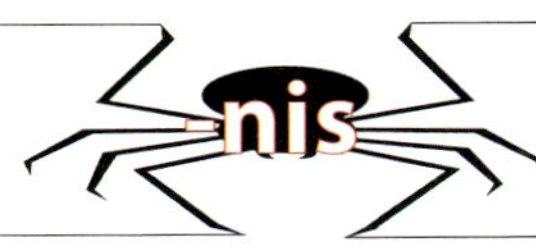

3 **Rate einmal** – Gesucht sind Nomen mit der Nachsilbe **-nis**!

Wenn jemand hinter Schloss und Riegel sitzt, ist er im ____________________.

Dieses bekommen die Schüler/Schülerinnen am Ende des Schuljahres. ____________________

Dies sollte niemand wissen und man darf es auch nicht verraten. ____________________

In der Mathematik nennt man die Lösung einer Aufgabe ____________________.

Wenn jemand ein Verbrechen zugibt, legt er ein ____________________ ab.

Symbol: Zeichen, das für etwas steht

Pakt: Abmachung

Ire: Bewohner von Irland

Rübe:

4 **HB 10:** Wieso wurde der Kürbis zum **Symbol** für Halloween? **Um dies zu erfahren, höre dir diese Geschichte an!**

5 **Nun ergänze Fehlendes und höre dir zur Kontrolle die Geschichte nochmals an! Tipp:** Alle einzusetzenden Wörter stammen aus Übung 2.

Ein Pakt mit dem Teufel

Der **Ire** Jack O. soll kein guter Mensch gewesen sein. Betrügereien und __rech______en ließen so manche __reund________ zerbrechen. Selbst der Teufel machte bei seinen __egegn______en keine guten __rfahr______en mit diesem Mann. Als nämlich der Teufel Jack O. eines Tages holen wollte, bat dieser den Teufel um ein letztes Getränk. Da Jack nicht bezahlen konnte, verwandelte sich der Teufel in eine Münze. Nach der __erwandl_______ steckte der Betrüger die Münze jedoch ein. Er ließ den Teufel erst wieder frei, als dieser versprach, ihn in einem Jahr zu holen. Der Teufel hielt sich an die __bmach_______. Doch ein Jahr später verlangte der Ire dieses Mal einen Apfel. Als der Teufel jedoch auf den Apfelbaum stieg, ritzte Jack O. schnell ein Kreuz in die Rinde des Baumes. Nun konnte der Teufel nicht wieder herunter. Der Fürst der Hölle war über die __espektlosig_______ des Iren entsetzt. Jack O. ließ ihn erst frei, als der Teufel versprach, ihn niemals zu holen. Als Jack O. starb, gab es für ihn keinen Platz im Himmelreich, nicht einmal in der Hölle wollte man ihn. Der Teufel gab ihm jedoch ein Stück glühende Kohle in einer ausgehöhlten **Rübe** mit auf den Weg. Damit irrt er seither zwischen Himmel und Hölle in der __inster______ umher, um seine letzte Ruhestätte zu suchen. Das __rauch_______ an Halloween, Kürbisse zu schnitzen und sie auszuleuchten, soll an dieses __reig_______ erinnern und helfen, böse Geister zu vertreiben.

6 **Für Leseprofis! Male die Nummern jener Aussagen an, die richtig sind!**

1. Jack O. aus Irland war ein Betrüger und Verbrecher.
2. Er hatte viele Freunde, die zu ihm standen.
3. Der Ire ließ sich auf einen Pakt mit dem Teufel ein.
4. Beim ersten Treffen mit dem Teufel verlangte Jack einen Apfel.
5. Der Teufel verwandelte sich in einen Apfelbaum.
6. Der Teufel versprach, ihn zu verschonen.
7. Jack O. irrt seither mit einem Kürbis durch die Finsternis.
8. Das Schnitzen und Ausleuchten von Kürbissen soll böse Geister fernhalten.

1 2 3 4

5 6 7 8

Die Deklination (Beugung) des Nomens

DES – DEM – DEN? Dir ist bestimmt schon aufgefallen, dass es neben den Artikeln **der – die – das** auch die Artikel **des – dem – den** gibt.

	Singular	Fragewort	Plural
1. Fall **NOMINATIV**	**Der** Teufel gibt ein Versprechen.	**Wer oder was?**	**Die** Teufel geben ein Versprechen.
2. Fall **GENITIV**	Jack erinnert sich **des** Versprechens.	**Wessen?**	Jack erinnert sich **der** Versprechen.
3. Fall **DATIV**	Jack nimmt **dem** Teufel ein Versprechen ab.	**Wem?**	Jack nimmt **den** Teufeln ein Versprechen ab.
4. Fall **AKKUSATIV**	Jack bat **den** Teufel um ein Versprechen.	**Wen oder was?**	Jack bat **die** Teufel um ein Versprechen.

7 **Frage nach den unterstrichenen Satzteilen!** Das Beispiel hilft dir dabei.

Der Teufel gibt dem Iren den Kürbis. *Wer gibt dem Iren den Kürbis?*

Der Teufel gibt dem Iren den Kürbis. ______________________

Der Teufel gibt dem Iren den Kürbis. ______________________

8 **Übertrage zuerst die beiden Sätze in dein Heft! Dann frage nach den unterstrichenen Satzteilen!**

Jack klagt den Teufel des Betruges an. Den Geistern gehört die Unterwelt.

Suche dir einen Partner/eine Partnerin und überprüft gemeinsam, was ihr euch gemerkt habt!

9 **Nimm dir einfach Zeit und präge dir nun die nächste Tabelle ein! Tipp:** Lerne eine Spalte nach der anderen, indem du die übrigen Spalten abdeckst!

DEKLINATION IM ÜBERBLICK

SINGULAR	MASKULIN	FEMININ	NEUTRUM	PLURAL
NOMINATIV	**der** Hund **(ein)**	**die** Katze **(eine)**	**das** Huhn **(ein)**	**die** Tiere **(–)**
GENITIV	**des** Hundes **(eines)**	**der** Katze **(einer)**	**des** Huhnes **(eines)**	**der** Tiere **(–)**
DATIV	**dem** Hund **(einem)**	**der** Katze **(einer)**	**dem** Huhn **(einem)**	**den** Tieren **(–)**
AKKUSATIV	**den** Hund **(einen)**	**die** Katze **(eine)**	**das** Huhn **(ein)**	**die** Tiere **(–)**

10 **Die Artikelformen im Plural merkst du dir leicht, wenn du diesen Schlangentext schnell liest, bis du eine Melodie erkennst!**

11 Der Radiergummi hat einige Felder gelöscht – **Ergänze die Tabelle! ★★★★**

Sg.	M	F	N	Pl.
Nom.	der Baum			
Gen.			des Grases	
Dat.		der Blume		
Akk.				die Pflanzen

12 **Zeichne eine Tabelle so wie in Übung 11 in dein Heft und dekliniere folgende Nomen!**

GETRÄNKE – TEE – WASSER – MILCH – ROSE – BROT

Nomen, die auf **-nis** enden, bilden ihren Plural so:
das Zeugnis → die Zeugni**sse**

-nis
-nisse

13 **Magic words** – **Wandle diese Wörter in deinem Heft zuerst in NOMEN um! Dann bilde den PLURAL!**

Beispiel:

erleben → das Erlebnis → die Erlebnisse

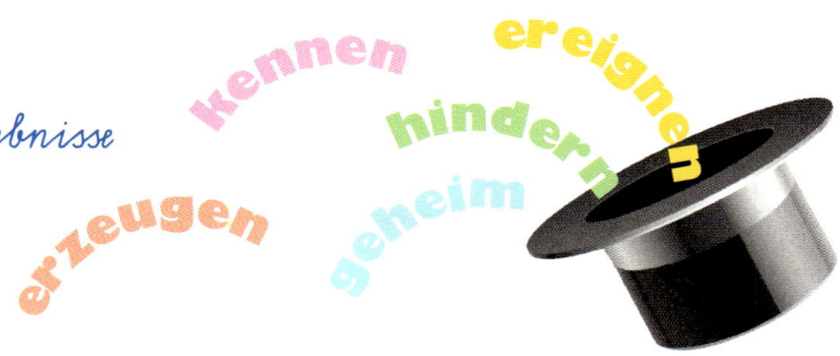

ACHTUNG: Es gibt auch Nomen, die nur im Plural vorkommen.
Beispiel: Eltern

!

14 Beim Billardspiel sind fünf Nomen durcheinandergeraten. **Finde sie und setze sie wieder zusammen!**
Tipp: Die Farben helfen dir bei dieser Übung!

die ______________________

die ______________________

die ______________________

die ______________________

die ______________________

NOMINALISIERUNG – Wortartenwechsel

Professor Schreibefein hat wieder gute Tipps für dich.

Adjektive großgeschrieben

TIPP 1

Adjektive werden immer kleingeschrieben. Wenn aber ein **Artikel** vor dem Adjektiv steht, der sich auf dieses bezieht, wird das Adjektiv zu einem **Nomen**. Es wird **nominalisiert** und man schreibt es daher groß.

Beispiel: schön – **das Schöne**

__________ __________ __________

1 Überlege dir drei Beispiele und schreibe sie in das Merkkästchen bei Tipp 1!

TIPP 2

ADJEKTIVE werden aber auch zu **Nomen**, wenn

alles – etwas – nichts – viel – wenig – manch(es) davorsteht.

Beispiel: nichts **Neues** (neu)

2 Finde immer ein Beispiel zu jedem „Zauberwort"!

alles __________ *nichts* __________

etwas __________ *viel* __________

wenig __________ *manch(es)* __________

TIPP 3

Wenn aber ein Adjektiv als **Attribut (Beifügung)** verwendet wird, schreibt man das Adjektiv klein.

Beispiele: das **rote** Kleid; wenig **neue** Dinge

3 **Groß oder klein?** Entscheide und kreise den richtigen Buchstaben ein!

Alles **G | g** ute zum Geburtstag. Es gibt wenig **N | n** eues zu berichten. Sie bekam ein **T | t** eures Parfum geschenkt. Das Haus ist aber **G | g** roß! Die Handyhülle ist **R | r** ot, ich will aber die **S | s** chwarze. Diese Übung war nicht **S | s** chwer, das **S | s** chwierigste kommt erst zum Schluss. Der Film war wenig **I | i** nteressant. Das **D | d** icke wird jetzt **D | d** ünn. Ferien sind das **B | b** este.

Verben großgeschrieben

Verben werden immer kleingeschrieben. Wenn man aber den Artikel **das** oder **ein** davorsetzt, werden Verben **nominalisiert**.

Beispiele: gehen – **das G**ehen; jammern – **ein J**ammern

TIPP 1

4 Denke dir selbst vier Beispiele aus und schreibe sie in das Merkkästchen bei Tipp 1!

VERBEN werden aber auch zu **Nomen**, wenn z. B.

am – beim – im – zum – ins – vom davorsteht.

Beispiel: zum Lesen

TIPP 2

5 Verbinde diese Wörter aus den Zauberstäben in deinem Heft und bilde sinnvolle Sätze! Verwende dazu jedes Wort nur einmal!

beim * im * zum * ins * vom * das * ein

lachen * spielen * fahren * trinken * laufen * stolpern * lernen

ADJEKTIVE und **VERBEN** werden durch die **Nachsilben**

-heit, -keit, -schaft, -tum, -nis, -ung **nominalisiert**.

TIPP 3

6 Verzaubere diese Wörter mit Nachsilben zu NOMEN! Notiere auch den bestimmten Artikel!

Schönheit
Veränderung

feig
rechnen
tapfer
irren
geheim
wachsen
reich

Nun geht's los – Aufgaben für schlaue Köpfe!

1 Dekliniere diese Nomen mit unbestimmtem Artikel! ★★★

Sg.	M	F	N	Pl.
Nom.		eine Trommel		Instrumente
Gen.				
Dat.	einem Bass			
Akk.			ein Klavier	

2 Dekliniere folgende Nomen nach den Angaben! ★★★★

Retter/Dat./Sg. ______________________ **Gefahr/Akk./Pl.** ______________________

Turm/Gen./Sg. ______________________ **Rache/Dat./Sg.** ______________________

Nacht/Dat./Pl. ______________________ **Untier/Gen./Sg.** ______________________

3 **Übung macht den Meister!** Kreuze an! ★★★★

	Singular (Sg.)	**Plural** (Pl.)	**Nominativ** (1. Fall)	**Genitiv** 2. Fall	**Dativ** 3. Fall	**Akkusativ** 4. Fall
das Gespenst	X	o	X	o	o	X
die Schlösser	o	o	o	o	o	o
der Kürbisse	o	o	o	o	o	o
dem Geist	o	o	o	o	o	o
den Skeletten	o	o	o	o	o	o
das Blut	o	o	o	o	o	o
der Rüben	o	o	o	o	o	o
des Friedhofs	o	o	o	o	o	o

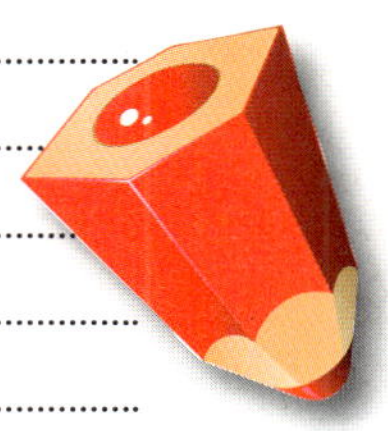

4 **Genitiv statt Dativ –** Setze diese wenig schönen Dativformen in den Genitiv! ★★★★

der Ferrari von dem Vater — der Ferrari des Vaters

wegen dem großen Andrang ______________________

die Fehler von der Schülerin ______________________

unterhalb von der Hauptstraße ______________________

anstelle von dem Krimi ______________________

5 Nun überlege dir fünf Sätze mit den richtig gestellten Genitivformen und schreibe sie in dein Heft! ★★

Nun geht's los – Aufgaben für schlaue Köpfe!

6 **Was stimmt hier nicht?** Lies deinem Sitznachbarn/deiner Sitznachbarin sechs Wörter richtig vor, dann wechselt euch ab! ★

die Glücks | die Milchen | die Schnees
die Buttern | die Schmutzen | die Neids
die Regens | die Gölder | die Wärmen
die Silbern | die Vertrauens | die Abergläuber

7 Schreibe nun die Wörter aus Übung 6) richtig in dein Heft und formuliere eine Grammatikregel! ★★★

8 **Dativ oder Akkusativ?** Setze richtig ein! ★★★★★

Was ist eine Eselsbrücke?

Esel sind mit ______________________ (die Pferde) verwandt. Wenn das Tier ______________________ (der Besitzer) durch ein seichtes Gewässer folgen soll, weigert es sich. Als wasserscheues Tier traut es ______________________ (das Wasser) nicht, auch wenn ______________________ (das Tier) das Waten durch ______________________ (das Wasser) nicht schwer fallen würde. Daher kommt auch der Ausdruck „stur wie ein Esel". Warum zeigt ein Esel ______________________ (das Verhalten)? Ein Esel kann nämlich aufgrund der Spiegelung der Wasseroberfläche nicht erkennen, wie tief ein Gewässer ist. Daher baute man ihnen an ______________________ (eine Stelle), wo das Wasser seicht ist, ______________________ (eine Brücke), die man Eselsbrücke nennt. Wenn wir Menschen uns ______________________ (eine Eselsbrücke) bauen, bedeutet dies, dass wir ______________________ (ein Umweg) einschlagen, indem wir uns ______________________ (eine Merkhilfe) einfallen lassen, mit der wir uns schwierige Dinge schneller und leichter merken.

Mein Tipp: Verwende diese Eselsbrücken!

DATIV
Ersatzwort: dir oder mir
→ 3 Buchstaben = 3. Fall
Fragewort: WO?

AKKUSATIV
Ersatzwort: dich oder mich
→ 4 Buchstaben = 4. Fall
Fragewort: WOHIN?

Nun geht's los – Aufgaben für schlaue Köpfe!

9 **Hier fehlt einiges** – In diesen Sätzen sind fast alle **Nomen im Dativ** gelöscht worden. **Setze richtig ein! ★★★**

Der Schüler hört aufmerksam den Erklärungen des Lehrers zu und antwortet deshalb ____________________ blitzschnell auf seine Frage.

______________________________ gefällt das Theaterstück.

Der Patient dankt ________________________ für ihre rasche Hilfe.

Herr Maier befiehlt ____________________ das Holen der Zeitung.

Der Hund folgt _____________________________.

Der Sieg gelingt _________________ bestimmt.

Der Pullover gehört zwar _________________________, aber er passt _________________________ sehr gut.

Am Spielplatz begegnet Vivien ______________________ ihres Bruders.

Sie vertraut _________________ ein Geheimnis an.

Der Schüler glaubt ________________________.

- die Erklärungen
- der Lehrer
- die Zuschauer
- die Retter
- der Hund
- der Besitzer
- die Klasse
- die Mutter
- die Tochter
- der Freund
- Markus
- der Fahrlehrer

10 **Unterstreiche alle Verben in Aufgabe 9) und setze diese hier in den Infinitiv! ★★**

z _ _ _ _ _ _

g _ _ _ _ _ _ _

b _ _ _ _ _ _ _

g _ _ _ _ _ _ _

p _ _ _ _ _

a _ _ _ _ _ _ _ _ _ _

a _ _ _ _ _ _ _ _

d _ _ _ _ _

f _ _ _ _ _

g _ _ _ _ _ _

b _ _ _ _ _ _ _

g _ _ _ _ _ _

WICHTIG: Diese Verben verlangen immer den **DATIV**!

Nun geht's los – Aufgaben für schlaue Köpfe!

11 Übertrage diese Leseprobe nach dem Bestseller **„Warrior Cats"** von Erin Hunter in dein Heft! Achte dabei auf die Groß- und Kleinschreibung! ★★★

DIE STILLE WURDE NUR DURCH DAS PLÄTSCHERN DES SCHWARZEN FLUSSES UND DAS FLÜSTERN DER BÄUME IM WALD UNTERBROCHEN. IN DEN SCHATTEN RÜHRTE SICH ETWAS UNSAGBARES UND VON ÜBERALLHER KROCHEN DUNKLE GESTALTEN ÜBER DAS GESTEIN. ZUM FUNKELN BRACHTE DAS HELLE MONDLICHT DIE AUSGESTRECKTEN KRALLEN. EIN WACHSAMES AUGE BLITZTE WIE BERNSTEIN. WIE AUF EIN STILLES KOMMANDO SPRANGEN DIE TIERE AUFEINANDER LOS UND PLÖTZLICH WAREN ÜBERALL KREISCHENDE KATZEN.

12 Unterstreiche nun in der niedergeschriebenen Leseprobe in deinem Heft alle Wörter, die du groß geschrieben hast! ★ **Tipp:** Es müssen 23 Wörter sein! Vergiss dabei nicht auf die Satzanfänge!

Blitzlicht

Ich kann Nomen deklinieren. (1)	○	○	○
Ich kann Nomen nach Angaben abwandeln. (2)	○	○	○
Ich erkenne anhand eines Beispiels Zahl und Fall des Nomens. (3)	○	○	○
Ich kann den Dativ in einen Genitiv umwandeln. (4)	○	○	○
Ich kann den Genitiv in einem Satz richtig anwenden. (5)	○	○	○
Ich weiß, dass es bestimmte Nomen nur im Singular gibt, und kann dazu eine Grammatikregel formulieren. (6 + 7)	○	○	○
Ich kann in einem Text mit Hilfe der Ersatz- und Fragewörter den Dativ und den Akkusativ richtig einsetzen. (8)	○	○	○
Ich kann Nomen im 1. Fall in den 3. Fall setzen. (9)	○	○	○
Ich erkenne Verben in einem Text und kann diese in den Infinitiv setzen. (10)	○	○	○
Ich kann einen Text unter Berücksichtigung der Groß- und Kleinschreibung fehlerfrei aufschreiben. (11 + 12)	○	○	○

Blick ins Buch

„Hilfe! Ich bin ein Werwolf“ *von Gunnel Linde*
KOMMENTAR: Norina, 11 Jahre
Wenn du Spannung suchst, ohne Angst und Horror, dann lies dieses Buch. Es ist eine gute Geschichte, die vom Erwachsenwerden erzählt und vom Glück, Freunde zu haben.
Der kleine Ulf hat eine Menge Probleme, er ist klein, schüchtern und etwas dusselig. Doch als er glaubt, ein Werwolf hätte ihn gebissen, vollzieht sich eine Wandlung. Er wird stark, vertraut sich selbst und erkennt, dass man mit Selbstbewusstsein doch etwas erreichen kann.

BUCHINFO: „Das Haus, in dem es schräge Böden, sprechende Tiere und Wachstumspulver gibt“ *von Tom Llewellyn*
Welche Geheimnisse birgt der Trau-dich-ganz-nach-oben-Raum? Seit Jacob und Charlie in das Haus mit den schrägen Böden und der Nachbarstochter Lola eingezogen sind, ist ihr Leben voller merkwürdiger Ereignisse. Die Sache mit dem Wachstumspulver geht gerade noch mal gut aus. Dann wird das Haus unsichtbar, Geier tauchen auf und Jacob stößt auf einen wertvollen Schatz – in dem „schrägen“ Haus ist immer etwas los!

HB 11: **Warum Wachstumspulver lebensgefährlich ist, hörst du jetzt!**

AUSZUG aus „Der satanarchäolügenialkohöllische Wunschpunsch“ *von Michael Ende*
Im Inneren der Villa Albtraum regte sich nichts. Die Pendeluhr über dem Kaminsims setzte rasselnd ihr Räderwerk in Gang. Der Zauberer saß in einem geräumigen Ohrensessel, den vor vierhundert Jahren ein handwerklich begabter Vampir eigenhändig aus Sargbrettern geschreinert hatte. Die Polster bestanden aus Werwolfsfellen. Beelzebub Irrwitzer seufzte tief, erhob sich und begann in seinem Labor auf und ab zu gehen.
„Wenigstens das Elixier Nummer 93 müsste heute unbedingt noch fertig werden“, murmelte er, „wenigstens das. Wenn mir nur nicht der verdammte Kater wieder dazwischenkommt.“

Klick ins Buch

a) **Informiere dich über diese Bücher im Internet! Dann vergib deine Bewertungssterne!**

b) **Notiere hier ein Gruselbuch aus deiner Schulbibliothek!**

Zitat der Woche: Lesen ist Denken mit fremdem Gehirn.
Was bedeutet dieser Spruch für dich?
Arthur Schopenhauer

10 Tipps: vom Lesemuffel zum Büchernarren

Bücherei Bücher Geschichten

1. Überlege zuerst, was dich interessiert! Dann entscheide dich für ein Buch!

2. Kurze ______________________ sind oft besser als lange Romane.

3. Wünsche dir viele ____________________ zu jeder Gelegenheit!

4. Besuche mit einem Freund oder einer Freundin eine ______________________.

5. Wenn dir ein ______________ gut gefallen hat, besorg dir auch das Buch dazu!

6. Richte in deinem Zimmer eine ___________________________ ein!

7. Lies am Abend vor dem Einschlafen noch ein paar Seiten!

8. Wenn du ein Spiel bekommst, lies dir zuerst die _________________________________ durch!

9. Wenn du Fehler beim Lesen machst, denke daran: Aus Fehlern lerne ich!

10. Du wirst besser lesen, je öfter du Texte liest.

Film Leseecke Spielanleitung

Bilder-Rätsel – Schreibe die dargestellten zwei Wörter auf!
ACHTUNG: Jedes Wort besteht aus zwei Begriffen!

Was Bilder alles erzählen können

1 Schau dir diese Bilder genau an! Dann schreibe zu jedem Bild ein Schlagwort, welches am besten zu diesem passt!

Schlagwort: Ausdruck, der das Thema wiedergibt

2 **Welches Bild gefällt dir am besten?** Male den Buchstaben in Übung 1) aus!

Warum ist das so? ______

______

Sprecht in der Klasse darüber, welche Wirkung jedes Bild hat!

Beim Betrachten von Bildern sollst du auf diese Punkte achten:

- Betrachte die Bilder immer genau!
- Achte dabei auf die **Details**!
- Welche Gedanken und Gefühle werden in dir geweckt?
- Erstelle einen Cluster nach dem Rezept auf der nächsten Seite!

Detail: Einzelheit

REZEPT Cluster

strukturieren: etwas mit einem Aufbau, einer Gliederung versehen

Ein Cluster ist ähnlich wie eine Stichwortliste. Er hilft dir, deine Gedanken zu einem Thema zu **strukturieren**, und erleichtert dir somit später das Schreiben eines eigenen Textes.

1. Der Cluster beginnt mit dem **Cluster-Kern**. Ein einzelnes Wort (Schlagwort) wird in die Mitte des Blattes notiert und ein Kreis um diesen Anfang gezogen.
2. Vom Kern ausgehend trage dann alles ein, was dir spontan zu deinem Wort einfällt! Jeder Begriff wird wieder **umkreist** und mit dem vorangegangenen Wort durch einen **Strich** verbunden.
3. Du kannst dabei keine Fehler machen, denn alles ist richtig!

3 **Entwirf nun auf einem A4-Blatt einen Cluster zu einem der vier Bilder auf S. 73! Benutze dabei dein Schlagwort aus Übung 1 als Clusterkern!**

4 **Mit Hilfe deines Clusters versuche nun, dein Lieblingsbild so genau wie möglich in deinem Heft zu beschreiben!** Diese Tipps helfen dir dabei.

WICHTIG: Achte darauf, in ganzen Sätzen zu schreiben!

TIPP 1: Schau dir das Bild nochmals genau an und stelle Fragen an das Bild!

+ Wo könnte es aufgenommen oder gemalt worden sein?
+ Ist es Winter oder Sommer?
+ Was ist genau zu sehen?
+ Welche Farben kommen vor?

TIPP 2: Wenn Personen/Tiere zu sehen sind, stelle diese Fragen!

+ In welcher Beziehung stehen sie zueinander?
+ Wie sehen die Personen aus?
+ Welche Gefühle zeigen sie? Sind sie lustig oder traurig?

TIPP 3: Beschreibe dann die Wirkung des Bildes auf dich!

+ Was empfindest du, wenn du das Bild betrachtest?
+ Versetze dich in die Situation eines der abgebildeten Lebewesen!

TIPP 4: Überlege!

+ Was könnte davor oder danach passiert sein?
+ Was will dir das Bild sagen?
+ Wem würdest du das Bild als Postkarte schenken? Wer würde sich darüber freuen?

5 **HB 12: Zeichnen nach Anleitung** – **Nimm dir ein weißes A4-Blatt und einen Bleistift! Zeichne nun nach den Anleitungen, die du hörst!**

6 **Selbstversuch:** Wähle aus diesen Bildern eines aus! Beschreibe es so genau, dass dein Sitznachbar/deine Sitznachbarin danach eine Zeichnung auf einem A4-Blatt anfertigen kann! **Tipp:** Je genauer du beschreibst, desto ähnlicher sieht die Kopie dem Originalbild.

Dann wechselt die Rollen! Welches Bild ist dem Original am ähnlichsten?

Satzzeichen setzen

1 **Satzzeichenmemory** – Ordne richtig zu, indem du die richtigen Satzzeichen überträgst!

Fragezeichen ◯ Punkt ◯ Beistrich ◯ , „ !

Anführungszeichen unten ◯ Doppelpunkt ◯ : “

Rufzeichen ◯ Anführungszeichen oben ◯ . ?

2 Welches Satzzeichen fehlt in dieser Wortschlange?

PUNKTBEISTRICHFRAGEZEICHENDOPPELPUNKTRUFZEICHENANFÜHRUNGSZEICHENUNTEN

Es fehlt ____________________

Sätze bauen – Die Satzarten

1 **Was gehört zusammen?** Male die zusammenpassenden Kästchen mit gleicher Farbe an!

Personalform: an der Endung des Verbs erkennt man die Person

→ **du** geh**st**
(Infinitiv: gehen)

AUSSAGESATZ:
Personalform des Verbs steht an 2. Stelle

FRAGESATZ:
Personalform des Verbs steht an 1. oder 2. Stelle

AUSRUFESATZ/ AUFFORDERUNGSSATZ:
Personalform des Verbs steht an 1. Stelle

RUFZEICHEN

PUNKT

FRAGEZEICHEN

Wie **heißt** du?
Heißt du Mira?

Ich **heiße** Mira.

Hilfe!
Erzähle mir etwas von dir!

2 **Welche Erklärung passt zu welcher Satzart?** Umrande die Kästchen in den entsprechenden Farben aus Übung 1!

wenn jemand etwas erfahren oder wissen möchte

wenn jemand etwas mitteilen, erzählen, erklären oder sagen möchte

wenn jemand einen anderen auffordert, ihm einen Ratschlag gibt oder einen Befehl erteilt, eine Drohung, Bitte oder einen Wunsch ausspricht; wenn jemand einen Ausruf tätigt

3 Welches Satzzeichen gehört zu jedem Satz? Entscheide dich und male dann das richtige Feld im Bild mit aus!

	.	?	!
Ein Punkt folgt nach einem Aussagesatz	1	2	3
Kommt nach einem Fragesatz ein Rufzeichen	4	5	6
Setze am Satzende ein Fragezeichen	7	8	9
Gehört hier ein Punkt gesetzt	10	11	12
Vergiss nicht, das Rufzeichen zu setzen	13	14	15
Jetzt hast du es verstanden	16	17	18

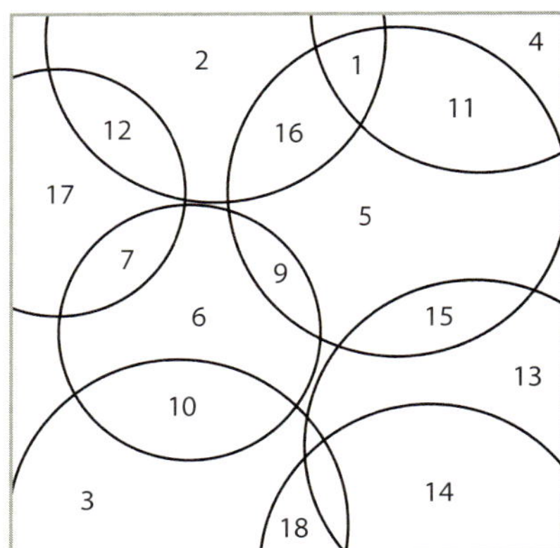

4 **Wort-Satz-Art:** Bilde aus folgenden Wörtern alle drei Satzarten in deinem Heft!

Beispiel: Natalia/bestimmen/Satzarten
Aussagesatz: *Natalia bestimmt die Satzarten.*
Fragesatz: *Bestimmt Natalia die Satzarten?*
Ausrufe-/Aufforderungssatz: *Bestimme die Satzarten, Natalia!*

a) Waldi/geben/die Pfote

b) Joe/lesen/ein Buch

c) Oktan/öffnen/die Tür

. ? !

SATZZEICHEN machen einen Text einfacher lesbar, weil sie ihn **gliedern**. Du weißt dann auch, wie du Wörter **richtig betonst**.

5 **Sätze ohne Ende – Lies diese Geschichte zuerst einmal selbst still durch! Dann versuche, diese deinem Sitznachbarn/deiner Sitznachbarin mit Betonung vorzulesen! Wechselt anschließend die Rollen!**

Nasreddin verkaufte schon längere Zeit am Markt seine Esel Seine Preise lagen immer weit unter denen seiner **Konkurrenten** Eines Tages zog er die Aufmerksamkeit eines reichen Eselhändlers auf sich Dieser dachte bei sich: Wie kann Nasreddin seine Esel so billig verkaufen Ärgerlich rief er ihm zu:„Schickst du auch deine Diener zum Heustehlen Sicherlich lässt du ebenso wie ich deine Diener die Esel betreuen, ohne sie dafür zu bezahlen Warum sind aber deine Preise trotzdem niedriger als meine Sag mir sofort, wie du das machst “ Nasreddin antwortete ihm lächelnd: „Während du Futter und Arbeitskraft stiehlst, stehle ich die Esel “

Konkurrent: Mitbewerber, Gegenspieler

Was fällt dir beim Lesen auf?

6 **Setze nun alle fehlenden Satzzeichen in dieser Geschichte über Nasreddin! Dann vergleiche mit deinem Sitznachbarn oder deiner Sitznachbarin!** Wie klingt die Geschichte nun?

7 Welche Satzzeichen passen hier? **Kreuze an!**

	.	?	!
Nasreddin verkauft seine Esel sehr billig	○	○	○
Warum sind seine Preise so niedrig	○	○	○
Kauf seine Esel	○	○	○
Seine Preise liegen weit unter denen der Konkurrenten	○	○	○
Wie macht er das	○	○	○

Direkte Rede (wörtliche Rede) – wenn Bilder sprechen

Die kleinen Honigdiebe nach Wilhelm Busch

Und richtig, sie gehen rüber und begucken begierig des Nachbars Bienenstock.

Dann packt Peterl den Bienenstock. Er hebt ihn und im Nu spürt jeder der zwei Schlecker einen Stich auf der Nase.

Fortsetzung folgt im Leseteil auf S. 39.

Wilhelm Busch (1832 – 1908) gilt als einer der **Pioniere** des Comics. Bekannt ist er bis heute durch die Lausbubengeschichten von Max und Moritz.

Pionier: Vorkämpfer, Bahnbrecher

1 **Unterwelle in dieser Geschichte mit** (Buntstift) **alles, was oben in den Sprechblasen gesprochen wurde!**

Eines Tages sagt Peterl zu seinem Freund Hansel: „Du, Hansel, gehen wir rüber zum Nachbarn seinem Bienenstock?“ „Das machen wir Peterl. Der ist bis obenauf voll mit süßem Honig“, antwortet Hansel. Und richtig, sie gehen rüber und begucken begierig des Nachbars Bienenstock. Dann packt Peterl den Bienenstock. Er ruft: „Ich hab den Honig gleich!“ Er hebt ihn und im Nu spürt jeder der zwei Schlecker einen Stich auf der Nase. „Au weh!“, schreit Peterl. Auch Hansel jammert: „Hilfe, das tut weh!“ Der durch ihr Schreien aufgewachte Nachbar meint nur schadenfroh: „Ha, ha, habt ihr's gemerkt, wie es beim Honigstehlen zugeht? Jetzt lauft nur heim mit eurem Denkzettel“.

„ … “

Wenn tatsächlich **Gesprochenes** und **Gedanken** Wort für Wort in einem Text aufgeschrieben werden, sprechen wir von der **direkten Rede**. Dabei steht diese immer unter **Anführungszeichen**.

Hilfe, das tut weh! → „Hilfe, das tut weh!“

Da, wo man **redet**, **sagt** und **spricht**, vergiss die kleinen Zeichen („“) nicht!

2 Was sagt die Mutter, als die beiden nach Hause kommen? **Fülle die Sprechblase! Dann schreibe deine Sätze als direkte Rede daneben!**

____

____

____

____

____

Auf die Stellung kommt es an

Die Stellung des Begleitsatzes bestimmt, welche Satzzeichen du setzen musst.

A

Die **DIREKTE REDE** steht nach dem Begleitsatz.

→ **Nach dem Begleitsatz** steht ein **Doppelpunkt**.

Max fragt: „Wen ärgern wir heute?“

Begleitsatz — direkte Rede

3 **Lies zuerst diese Unterhaltung zwischen Wilhelm Busch und Max und Moritz! Dann unterstreiche die Begleitsätze mit Grün und unterwelle die direkte Rede mit Rot!**

Max und Moritz fragen Wilhelm Busch: „Warum müssen wir in Ihren Geschichten immer die bösen Kinder sein?“ Der Autor antwortet: „Lausbubengeschichten lieben meine Leser.“ Damit geben sich die beiden Schlingel aber nicht zufrieden. Sie meinen: „In vielen Geschichten bekommen wir aber ganz schön oft Ärger.“ Max fügt hinzu: „Denken Sie doch einmal an unseren sechsten Streich. Da wurden wir sogar in einem Ofen gebacken.“ Moritz hat auch ein Beispiel. Er erzählt: „Unser letzter Streich ging gar nicht gut für uns aus. Bauer Mecke steckte uns in Säcke und wir wurden zu Getreide verarbeitet.“

ACHTUNG: Wenn du in deiner direkten Rede höfliche Anreden für Erwachsene wie

Sie, Ihr, Ihnen

verwendest, musst du diese großschreiben.

„Lass uns etwas machen!“, sagt Moritz.
direkte Rede — Begleitsatz

„Wen ärgern wir heute?“, fragt Max.
direkte Rede — Begleitsatz

„Die Witwe Bolte“, antwortet Moritz.
direkte Rede — Begleitsatz

Der **BEGLEITSATZ** steht nach der direkten Rede:

→ **Nach der direkten Rede** kommt ein **Beistrich**.

ACHTUNG: Handelt es sich bei der direkten Rede um einen Aussagesatz, entfällt der Punkt.

Frage- und Rufzeichen müssen aber entsprechend der Satzart gesetzt werden.

B

4 Die Unterhaltung geht weiter: **Unterstreiche auch hier die Begleitsätze mit grüner und unterwelle die direkte Rede mit roter Farbe!**

Die Vorwürfe von Max und Moritz lässt der Autor aber nicht auf sich sitzen. „Ihr könnt mir doch nicht erzählen, dass ihr bei den meisten Streichen keinen Spaß hattet“, entgegnet er „Habt ihr euch denn nicht den Bauch mit Hühnern vollschlagen können, als ihr bei Witwe Bolte zu Besuch wart?“, will Herr Busch wissen. Max und Moritz überlegen angestrengt, was sie darauf entgegnen sollen. „Ja, aber zuvor mussten wir unter Lebensgefahr auf das Dach klettern“, antwortet Max. Sein Bruder kommt ihm zu Hilfe. „Vergessen Sie auch nicht, dass im Ofen das Feuer brannte!“, fügt er hinzu. „Papperlapapp, haben euch die Hühner nicht geschmeckt?“, unterbricht der Autor die Buben.

„Moritz“, fragt Max, „wen ärgern wir heute?“
direkte Rede — Begleitsatz — direkte Rede

Der **BEGLEITSATZ** unterbricht die direkte Rede:

→ **Vor und nach dem Begleitsatz** steht ein **Beistrich**.

C

5 In dieses Gespräch mischt sich nun auch der Lehrer Lämpel ein. **Unterstreiche auch hier die Begleitsätze mit grüner und unterwelle die direkte Rede mit roter Farbe!**

„Dass ihr mich fast umgebracht hättet“, sagt Lämpel, „das habe ich noch nicht vergessen.“ „Als ich beim Orgelspielen war“, erzählt er weiter, „seid ihr in mein Haus eingebrochen. Wieso habt ihr meine Pfeife mit Schießpulver gefüllt?“ Max und Moritz sehen plötzlich schuldbewusst drein. „Wir wussten ja nicht“, rechtfertigen sich die beiden, „ dass das so eine große Explosion geben würde.“ „Seht mich an“, schreit Lehrer Lämpel, „mein Gesicht ist schwarz, meine Haare sind verbrannt und meine Pfeife ist nicht mehr zu gebrauchen!“ Wilhelm Busch, der ja nicht ganz unschuldig an dieser **Misere** ist, schaltet sich nun ein. „Zum Glück“, meint er, „sind Sie noch am Leben. Haben die Lausbuben nicht zuletzt ihre gerechte Strafe bekommen?“

Misere: Notlage, Elend

6 **Alles gemischt** – Versuche nun, den Begleitsatz und die direkte Rede zu erkennen! Unterstreiche dazu die Begleitsätze grün und unterwelle die direkte Rede rot!

Witwe Bolte sagt: „Meine Hühner machen so viel Arbeit." „Ja," antworten die Lausbuben, „dafür schmecken sie aber gut." „Ach, was muss man oft von bösen Kindern hören oder lesen", jammert die Witwe. „Ihr könnt diese Frau doch nicht so ärgern", meint Wilhelm Busch zu Max und Moritz. „Herr Busch", erwidern die beiden, „wer hat Sie denn berühmt gemacht?" „Seid nicht frech!", entgegnet Busch. Da mischt sich die Witwe schnell ein und sagt: „Streiten hilft niemandem. Schreiben Sie die Geschichte doch einfach um!"

7 Unterstreiche nun auf S. 78 in Übung 1) die Begleitsätze mit grüner Farbe!

8 **Übung macht den Meister:** Wandle jeden Beispielsatz wie angegeben in deinem Heft um!

Max und Moritz rufen: „Schnell aufs Dach gekrochen!"	Stelle den Begleitsatz nach der direkten Rede!
„Geben meine Hühner nicht große Eier?", fragt Witwe Bolte.	Die direkte Rede soll nach dem Begleitsatz stehen.
„So ein Pech", jammert Lehrer Lämpel, „dass ich ins Wasser gefallen bin."	Stelle die direkte Rede vor den Begleitsatz!
Lämpel ruft: „Ihr Gänse, helft mir hoch!"	Der Begleitsatz soll die direkte Rede unterbrechen.

Wortfeld „sagen"

Wort-Schatzkiste

antworten	brummen	erzählen	lästern	schimpfen
auffordern	**d**enken	**f**eststellen	loben	schreien
äußern	drohen	fluchen	lügen	schwätzen
bedanken	**e**inwenden	flüstern	**m**einen	sprechen
befehlen	entgegnen	fordern	**p**etzen	stottern
behaupten	entschuldigen	fragen	plappern	**t**ratschen
berichten	erklären	**j**ammern	plaudern	**ü**berlegen
beschweren	erkundigen	**k**lagen	**r**eden	**v**ersichern
brüllen	erwähnen	kreischen	rufen	versprechen
bitten	erwidern	**l**allen	**s**childern	**z**ustimmen

Wortfeld: Wörter mit gleicher oder ähnlicher Bedeutung; diese nennt man auch **SYNONYME**

1 **Partnerdiktat** – Suche dir eine Spalte aus und diktiere sie deinem Sitznachbarn/deiner Sitznachbarin! Dann wechselt die Rollen!

Wer hat die wenigsten Fehler?

2 **Was sagt man dazu?** Es gibt viele Wörter, die zum Wortfeld „sagen“ gehören. Markiere diese zuerst in diesem Suchrätsel und ordne sie dann ihren Bedeutungen zu!

REDEN = ______________________________

SCHREIEN = ______________________________

ERZÄHLEN = ______________________________

BEFEHLEN = ______________________________

STOTTERN = ______________________________

VERNEINEN = ______________________________

VERLANGEN = ______________________________

KLAGEN = ______________________________

SICH ERKUNDIGEN = ______________________________

I	F	A	N	O	R	D	N	E	N
F	O	R	D	E	R	N	B	E	P
J	H	H	T	D	L	W	R	O	D
Z	J	U	D	L	K	W	Ü	W	M
E	S	T	A	M	M	E	L	N	S
N	V	D	M	Q	U	C	L	V	Y
B	E	R	I	C	H	T	E	N	J
A	B	L	E	H	N	E	N	Y	A
F	R	A	G	E	N	U	V	F	M
F	I	N	D	Z	E	D	Z	E	M
S	P	R	E	C	H	E	N	H	E
Y	U	Z	G	K	T	U	P	O	R
S	V	H	X	I	A	I	G	C	N

3 **Handymania** – Markiere in diesem Text alle Wörter, die zum **Wortfeld „sagen“** gehören!

Man sieht sie überall. Menschen und ihre Handys. Sie telefonieren in der U-Bahn, grüßen nicht, plaudern Geheimnisse aus und schimpfen über andere. Sie jammern, klagen und drohen, sie brüllen, stottern und raunzen. Man ruft sich zu, lässt sich bejubeln und erhält so nebenbei auch Informationen, die keinen interessieren. Immer hört man sie brummen, schwätzen, tratschen und lästern. Aber niemand entschuldigt sich, da kann man bitten und betteln. Ob in der Schule, bei der Arbeit oder in den eigenen vier Wänden, es gibt einfach kein Entkommen. Egal, wo man ist, überall wird gesprochen, geplaudert oder gemurmelt. Sie versprechen einem das Blaue vom Himmel, doch zum Glück verstummen sie auch manchmal und lassen Blumen für sich sprechen.

Nun geht's los – Aufgaben für schlaue Köpfe!

1 **Kleider machen Leser** – Setze in dieser Geschichte die fehlenden Satzzeichen! Dann unterstreiche die drei Satzarten! ★★ Aussagesatz = **blau**; Fragesatz = **grün**; Aufforderungssatz = **rot**

Zu Dschuhan kam einmal ein Mann Dieser bat ihn: „Lies mir doch diesen Brief vor " Dschuhan sah sich den Brief an und fragte den Mann: „Wie kommst du darauf, dass ich den Brief lesen kann " Der Mann antwortete: „Du trägst einen **Turban** und eine **Djellaba**, also musst du ein gebildeter Mann sein " „Dann werde ich dir beides zum Anziehen geben", sagte Dschuhan, „und du kannst den Brief selber lesen "

Turban: Kopfbedeckung

Djellaba: langes, wallendes Gewand (Tunika)

2 Hier findest du Textauszüge aus den Streichen von Max und Moritz. Setze die fehlenden Satzzeichen der direkten Rede! ★★★

Ahnungsvoll tritt Witwe Bolte heraus Ach, was war das für ein Graus! Meines Lebens schönster Traum hängt an diesem Apfelbaum! jammert die Witwe.

Wilhelm Busch aber meint Dieses war der erste Streich, doch der zweite folgt sogleich. Schnell so riefen Max und Moritz aufs Dach gekrochen! Dies geschah, als die beiden schon den Braten rochen.

Max und Moritz, gar nicht träge, sägen heimlich mit der Säge. Wieder rufen sie Meck, meck, meck! Und plumps, da ist der Schneider weg.

Ach, was muss man oft von bösen Kindern hören oder lesen, wie zum Beispiel hier von diesen, welche Max und Moritz hießen.

3 Welches Wort passt nicht in die Reihe? Kreuze richtig an! ★★★★

○ reden	○ sich beschweren	○ plaudern	○ sprechen
○ schreien	○ brüllen	○ kreischen	○ äußern
○ erwähnen	○ flüstern	○ zischen	○ hauchen
○ befehlen	○ anordnen	○ auffordern	○ stottern
○ streiten	○ zanken	○ übertreiben	○ schimpfen
○ erzählen	○ schildern	○ brummen	○ berichten
○ überlegen	○ lästern	○ petzen	○ schimpfen

Nun geht's los – Aufgaben für schlaue Köpfe!

4 **Geschichtenmaler –** Fülle die Lücken, indem du den Text oder die Bilder ergänzt! ★★★★

Alles Gute kommt von oben

Sonntagmorgens wäscht sich Gustav seine Haare mit Honigshampoo. Dann macht er sich auf den Weg in den Park. Er ist gut gelaunt und freut sich auf das Fußballspiel mit seinen Freunden. Kaum zehn Meter von seinem Haus entfernt hört Gustav plötzlich ein lautes Summen. Bienen schwirren um seinen Kopf!

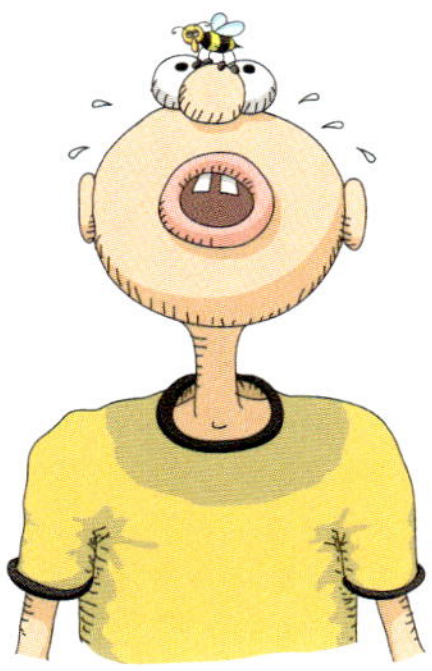

____

____

____

____

____

____

____

Glück gehabt, die Bienen haben ihn verschont. Nun ist er aufgewärmt für das Fußballspiel. Gustav schießt ein Tor nach dem anderen. Seine Mannschaft geht als Sieger vom Platz. „Das nächste Mal kann ich aber auf Bienen als Aufwärmtraining verzichten", sagt Gustav laut und gönnt sich einen Hot Dog vom nächsten Würstelstand.

Blitzlicht

	☀	☁	⚡
Ich kann zwischen Aussage-, Frage- und Aufforderungssatz unterscheiden und die entsprechenden Satzzeichen setzen. (1)	○	○	○
Ich kann Satzzeichen in einer direkten Rede einfügen. (2)	○	○	○
Ich kenne die unterschiedlichen Bedeutungen des Wortfeldes „sagen". (3)	○	○	○
Ich kann fehlende Teile in einer Bildgeschichte ergänzen. (4)	○	○	○

Bilder lernen laufen – Bildgeschichten schreiben

In der Deutschstunde bekommen die Schüler/innen der 1B die Aufgabe, diese Bildgeschichte auszuschneiden und in ihr Heft zu kleben. Leider hat sich Oliver beim Aufkleben vertan.

1 **Bringe diese Geschichte von Herrn Jakob in die richtige Reihenfolge, indem du die Nummern 1 – 4 einsetzt! Dann notiere auf dem Stichwortzettel rechts alle Wörter, die du für eine Beschreibung brauchst!**

der Winter, schneien,

REZEPT „Bildgeschichte"

1. Schreibe in der Gegenwart oder in der Mitvergangenheit!
2. Bemühe dich um eine **genaue Beschreibung** der Bilder! Lege dazu eine Stichwortsammlung an.
3. Beachte stets die **Bildreihenfolge**! Überlege dir auch, was zwischen den einzelnen Bildern geschehen kann. **Baue deshalb Überleitungen von einem Bild zum anderen ein!**
4. Einzelheiten wie **Namen, Orte** und **Zeitpunkte** sollst du, wenn sie nicht angegeben sind, erfinden!
5. Vergiss nicht darauf, auch einige **direkte Reden** und **abwechslungsreiche Satzanfänge** einzubauen!
6. Deine Bildgeschichte soll in **EINLEITUNG – HAUPTTEIL – SCHLUSS** gegliedert sein, denn sie ist wie eine Erlebniserzählung aufgebaut. → **Baue daher Absätze ein!**
7. Du kannst eine Bildgeschichte aus **verschiedenen Perspektiven** erzählen, entweder in der **„Ich-Form"** oder aus der **Sicht eines Erzählers**.
8. Vergiss nicht auf die **Überschrift**! Diese soll den Leser/die Leserin neugierig auf die Geschichte machen.

2 **Immer das Gleiche?** Jeder Aufsatz lebt auch von den Satzanfängen – **Schreibe nun diese Geschichte von Herrn Jakob mit Hilfe des Rezepts „Bildgeschichte“ in dein Heft!** Deine Stichwörter und diese Auflistung helfen dir dabei.

EINLEITUNG
„Heute schneit es aber heftig“, denkt sich …
Als Herr Jakob sein Essen zubereitet, sieht er …
Gerade läuft der Hund an Herrn Jakobs Haus vorbei und …

HAUPTTEIL
Plötzlich schnappt sich …
Herr Jakob staunt nicht schlecht, als …
Verärgert steht Herr Jakob in der Tür und …
Schnellen Schrittes begibt sich …
Deutliche Spuren im Schnee verraten …

SCHLUSS
Schließlich entdeckt er …
Belustigt steht er vor …
Treuherzig blickt der Hund …
„Ich schenke dir die ….“, sagt …

3 **Kontrolliere zum Schluss mit dieser Checkliste, ob du beim Schreiben deines Aufsatzes nichts vergessen hast!**

Checkliste

- ◯ Ich habe die einzelnen Bilder genau beschrieben.
- ◯ Ich habe auch Überleitungen von einem Bild zum anderen eingefügt.
- ◯ Ich habe mich beim Schreiben an die Reihenfolge der Bilder gehalten.
- ◯ Ich habe Namen, Orte und Zeitpunkte angeführt.
- ◯ Ich habe einige direkte Reden und unterschiedliche Satzanfänge eingebaut.
- ◯ Ich habe meinen Aufsatz in Absätze gegliedert (Einleitung – Hauptteil – Schluss).
- ◯ Ich habe auf eine Überschrift nicht vergessen.
- ◯ Ich habe meinen Aufsatz dreimal durchgelesen → Inhalt, Rechtschreibung und Grammatik.
- ◯ Ich habe das Wörterbuch verwendet.

4 **HB 13: Der Bär auf dem Försterball**
Hör dir an, was einem Bären so alles im Wald passieren kann!
Dann entscheide, welches Bild nicht passt!

Die vollständige Geschichte findest du im Leseteil auf S. 43 – 44.

In der nächsten Deutschstunde bekommt die 1 B eine neue Bildgeschichte. Diese handelt von dem **Freiherrn** von Münchhausen. Aufgrund seiner unglaublichen Geschichten wurde er auch „Lügen**baron**" genannt.

5 **Lies dir Olivers neue Bildgeschichte genau durch und betrachte dabei auch die Bilder!**

Es ist Winter. Nach einem langen ***Ritt*** *steigt* ***Baron*** *Münchhausen gegen Abend auf einer* ***Lichtung*** *von seinem* ***Gaul****. Kein Baum, kein Wegweiser ist zu sehen – weit und breit nur Schnee. Da entdeckt er eine Metallstange, die aus dem Schnee ragt. Schnell bindet er sein Pferd an dieser fest. Nicht weit davon legt er sich schlafen und deckt sich mit seinem Mantel zu.*

Aber in der Nacht wird es plötzlich wärmer. Da der Schnee schmilzt, sinken der Baron und sein Gaul Zentimeter um Zentimeter tiefer. Während Münchhausen fest schläft, hängt sein Gaul bald in der Luft.

Als der Baron am nächsten Morgen aufwacht, stellt er fest, dass er mitten auf dem Kirchplatz eines Dorfes liegt. „Donner und Doria! Wo ist mein Pferd?", ruft er entsetzt. Einer der Dorfbewohner zeigt nach oben und sagt: „Da, seht, dort oben auf der Kirchturmspitze!" Münchhausen hört ein lautes ***Wiehern*** *und blickt nach oben. Das arme Tier hängt an der Kirchturmspitze fest.*

Was ist zu tun? Schnell greift er zu seiner Pistole und zielt auf den ***Zügel****. Er schießt ihn entzwei und das Pferd landet unbeschadet auf seinen* ***Hufen****. Die anderen Leute können es gar nicht glauben, aber der Gaul ist unverletzt. Münchhausen ist sehr stolz auf seine Tat, schwingt sich auf sein Pferd und reitet weiter seines Weges – einem neuen Abenteuer entgegen.*

Freiherr/Baron: Adelstitel wie Graf und Fürst

Ritt: das Reiten

Lichtung: baumloser Platz im Wald

Gaul: Pferd

wiehern: laute, höhere Töne hervorbringen (Pferd)

Zügel: Lederband zum Lenken von Pferden

Huf: Fuß des Pferdes

6 **Da Oliver die Überschrift vergessen hat, hilf ihm und schreibe sie auf die freie Zeile! Dann male die Kästchen für die EINLEITUNG, den HAUPTTEIL und den SCHLUSS mit den passenden Farben an!**

7 **Wechsle nun die Seiten!** Du bist jetzt Baron Münchhausen. **Erzähle diese Bildgeschichte in der „Ich-Erzählperspektive" neu in deinem Heft!**

Es ist Winter. Nach einem langen Ritt beschließe ich gegen Abend ...

Alles doppelt – Die Doppelkonsonanten

Kommst du an einem **kurzen Vokal** vorbei, werden aus einem Konsonanten **zwei**.
Doch ist es nicht immer leicht, da manches Mal auch **ein** Konsonant reicht.

Nach **kurz gesprochenen Vokalen** kommt es häufig zu einer **Verdoppelung** der Konsonanten.
Beispiele: kọmmen, dọppelt, Pụppe, fạllen

ACHTUNG: Nach einem **kurz gesprochenen Vokal** kann aber auch nur **ein Konsonant** stehen.
Beispiele: am, hat, insgesamt, Witwe

kurz gesprochene VOKALE

ọ: Der Punkt bedeutet kurz gesprochen.

1 Hilf Max und Moritz beim Fischen nach Wörtern mit Doppelkonsonanten und schreibe sie alphabetisch geordnet in dein Heft!

2 **HB 14:** Höre genau zu und kreuze dann die richtige Schreibweise entsprechend dem Gehörten an!

☐ Beet	☐ Bett	☐ Miete	☐ Mitte	☐ Höhle	☐ Hölle
☐ Heer	☐ Herr	☐ Kehle	☐ Kelle	☐ Wal	☐ Wall
☐ Schote	☐ Schotte	☐ lahm	☐ Lamm	☐ Star	☐ starr
☐ kam	☐ Kamm	☐ Rate	☐ Ratte	☐ Hüte	☐ Hütte
☐ ihnen	☐ innen	☐ Koma	☐ Komma	☐ Robe	☐ Robbe
☐ Bahn	☐ Bann	☐ wieder	☐ Widder	☐ den	☐ denn
☐ Aal	☐ All	☐ Schlaf	☐ schlaff	☐ wir	☐ wirr

3 **Wie viele Wörter hast du richtig?** Überprüfe zum Schluss dein Ergebnis mit dieser Lösung! Drehe dazu dein Buch um!

Anzahl meiner richtigen Wörter: ______

Bett Miete Höhle Herr Kehle Wal Schotte
Lamm starr kam Ratte Hüte ihnen Komma
Robbe Bahn Widder denn All schlaff wir

4 **Erweitere deinen Wortschatz!** Schlage dir unbekannte Wörter aus der Übung 2 im Wörterbuch nach!

Häufige Doppelkonsonanten

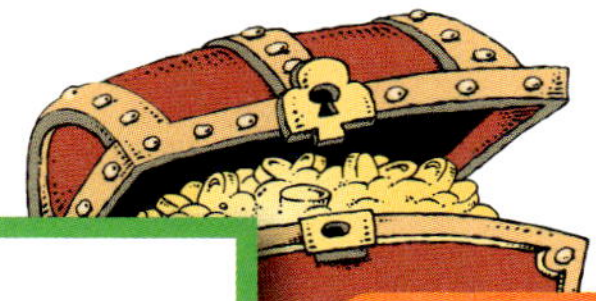

Wort-Schatzkiste

ff: Schiff * Pfeffer * Griff * schaffen * Affe * **Neffe** * Löffel * hoffen

ll: Brille * **Quelle** * Ball * Kralle * Teller * alle * still * schnell * stellen

mm: Sommer * **summen** * dumm * **Lamm** * immer * Semmel * Kamm

nn: können * **Tanne** * nennen * Mann * kennen * Gewinn * rennen

pp: stoppen * Tipp * Kappe * schleppen * Lippe * Suppe * knapp

rr: starr * knurren * **Herrscher** * verwirrt * Geschirr * **Narr** * sperren

ss: Sprosse * wissen * Gasse * lassen * Biss * blass * Kassa * essen

tt: klettern * Fett * anstatt * Skelett * Kette * stottern * Butter * satt

Neffe: Sohn der Schwester oder des Bruders

Quelle: Stelle, an der Wasser aus der Erde kommt

summen: einen leisen Ton von sich geben

Lamm: junges Schaf

Tanne: Nadelbaum

Herrscher: regierende Person

Narr: Person, die dumm ist oder dafür gehalten wird

5 Bilde nun zehn sinnvolle Sätze mit den Wörtern aus der Wort-Schatzkiste in deinem Heft! Versuche dabei, so viele Wörter wie möglich in einen Satz einzubauen!

6 **Dichterwerkstatt** – Betätige dich als Dichter und finde Reimwörter mit diesen Doppel-Konsonanten!

K	a	n	n	e

M	u	t	t	e	r

d	a	n	n

Seltene Doppelkonsonanten

bb: Robbe * Hobby * Mobbing * Ebbe

dd: addieren * Pudding * **Widder** * Teddy

gg: Bagger * joggen * Flagge * Dogge

kk: Sakko * Akkusativ * Brokkoli * Akku

zz: Pizza * Puzzle * Skizze * **Jazz**

Widder:

Jazz: Musikrichtung

7 **Partnerdiktat** – Suche dir zehn schwierige Wörter aus Schreibefeins Merktafel aus und diktiere diese deinem Sitznachbarn/deiner Sitznachbarin!

8 **Was passt?** Ergänze die fehlenden Buchstaben! **Tipp:** Die Worterklärungen helfen dir!

				L	L				übersichtliche Auflistung
		M	M						kleines Zimmer
	F	F							Tier aus dem Urwald
			L	L					Ursprung eines Gewässers
					F	F			Erdapfel
		P	P						schwarzes Pferd
		T	T						Milchprodukt
				L	L				ein Süßwasserfisch
				L	L				kleine Kirche
		G	G						Baumaschine
			L	L					Sehhilfe
				F	F				afrikanisches Huftier
		N	N						schnell laufen
		F	F						heißes Bohnengetränk
	L	L							der Weltraum

9 **Geheimschrift** – Welche Wörter aus der Übung 8 haben sich hier versteckt? Schreibe sie auf und achte dabei auf das Wortbild (Ober- und Unterlängen)!

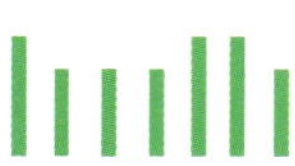 Forelle

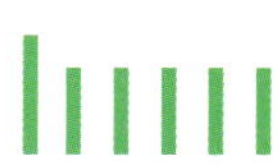 ____________

 ____________

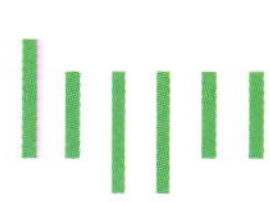 ____________

 ____________

 ____________

 ____________

 ____________

10 **Aus zwei mach eins!** Ergänze die fehlenden Wortteile und trage sie in die Tabelle ein!

mer ren deln gon Kar pern
ka se lover beln nen tren
tref Mok bud klap te Mat
Wag fen rub Klas Pul Num

bb: ______	**pp:** ______	**dd:** ______
tt: ______	**mm:** ______	**nn:** ______
gg: ______	**kk:** ______	**ss:** ______
rr: ______	**ll:** ______	**ff:** ______

Besonderheiten: tz und ck

tz
ck

Zu den Doppelkonsonanten zählen auch **tz** und **ck**.

Beispiele: Zucker, Katze

11 **Entscheide richtig – k oder ck und z oder tz?** Kreuze die richtige Schreibweise an!

☐ putzen	☐ puzen	☐ Winkel	☐ Winckel
☐ Artzt	☐ Arzt	☐ Packet	☐ Paket
☐ stürtzen	☐ stürzen	☐ Päckchen	☐ Päkchen
☐ Salz	☐ Saltz	☐ Kecks	☐ Keks
☐ kreutzen	☐ kreuzen	☐ Fabrick	☐ Fabrik
☐ kurz	☐ kurtz	☐ schlank	☐ schlanck
☐ Plaz	☐ Platz	☐ backen	☐ baken

Wahrheit oder Lüge?

1 Nach dem Lesen dieser unglaublichen Geschichten entscheide, ob sie stimmen! Zum Schluss überlege dir auch noch eine passende Überschrift!

Empörung: Auflehnung, Zorn

FBI: US-Bundespolizei (Federal Bureau of Investigation)

Bonsai: Zwergbaum

Imker: Bienenzüchter

Schwarm: große Zahl fliegender Bienen

Universität: Hochschule, in der studiert, geforscht und gelehrt wird

Experiment: Versuch

Labor: Arbeitstraum

dösen: vor sich hinträumen

Chromosom: Träger der Erbinformation

Im Jahr 2000 ging eine Seite online, die bei Tierschützern für **Empörung** sorgte: Zu sehen ist dort, wie Katzenbabys in Glasbehälter gestopft werden. Der Betreiber versprach, dass die Katze nach mehreren Monaten die Form des jeweiligen Behälters annehmen würde. Grenzen gebe es keine, ein vollständig quadratisches Tier sei durchaus möglich.
Das **FBI** untersuchte sogar den Fall wegen Verdachts auf Tierquälerei.

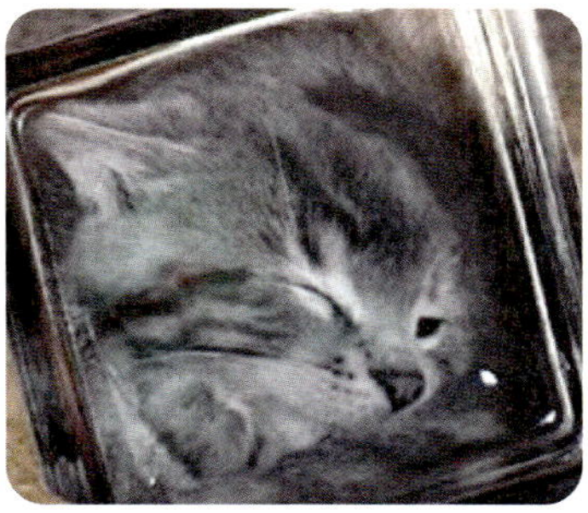

Ist es möglich, Bonsai-Katzen zu erzeugen? ☐ JA ☐ NEIN

Ein chinesischer **Imker** trägt auf diesem Foto einen Ganzkörpermantel aus lebendigem Material. Er hat sich mit 456 000 lebenden Honigbienen „bekleidet". Dahinter steckt weder eine **Schwarm**attacke noch ein Werbegag, sondern vielmehr eine Art Sport. Jährlich versuchen Imker, damit in das Guinness Buch der Rekorde zu kommen.

Diese Geschichte ist … ☐ RICHTIG ☐ FALSCH

Forscher der **Universität** Concordia haben nachgewiesen, dass Pferde im Stehen schlafen können. In unzähligen **Experimenten** wurden die Pferde in Schlaf**labors** an spezielle Computer angeschlossen, um deren Schlafverhalten zu untersuchen. Zuerst **dösen** die Tiere, aber nach einer halben Stunde fallen sie in einen wesentlich kürzeren Tiefschlaf als Menschen.

Können Pferde im Stehen schlafen? ☐ JA ☐ NEIN

Wenn das Fell einer Katze schwarz, weiß und orange gefärbt ist, handelt es sich immer um ein Weibchen. Die Fellfarbe wird vom weiblichen X-**Chromosom** bestimmt. Treffen zwei X-Chromosomen aufeinander, können sich drei Farben ausbilden.

Diese Geschichte ist … ☐ RICHTIG ☐ FALSCH

2 Willst du weitere unglaubliche Geschichten lesen und selbst verfassen? Viel Vergnügen beim Lesen im Leseteil auf S. 48!

Nun geht's los – Aufgaben für schlaue Köpfe!

1 **Der perfekte Papierflieger** – Eine Bastelanleitung ist häufig mit Bildern illustriert, damit man diese leichter versteht. Lies diese Anleitung und ordne die Bilder den Textabschnitten zu! ★★★★★

Nimm ein A4-Blatt und falte es einmal der Länge nach! Anschließend klappst du es wieder auf. Der so entstandene Knick in der Mitte (Mittellinie) hilft dir bei der Orientierung. Falte nun zwei Ecken bis zu dieser Mittellinie! Dies zeigt dir die **Abbildung 1**.

Auf unserer **nächsten Abbildung** haben wir die Papierrückseite blau dargestellt, damit du Vorder- und Rückseite besser unterscheiden kannst. Die Spitzen werden nun wieder gefaltet und zwar bis ca. eine Daumenbreite vor der nächsten Papierkante.

Falte nun die Ecken nochmals bis zur Mittellinie wie in **Abbildung 3:** So erhältst du ein kleines Dreieck, das hervorschaut.

Abbildung 4: Dieses Dreieck schlägst du nun über beide Ecken zurück.

Nun faltest du deinen Papierflieger nochmals entlang der Mittellinie (**siehe Abbildung 5**). Jetzt brauchst du nur mehr die Tragflächen in die richtige Position zu bringen.

Abbildung 6: Zum Schluss öffnest du noch vorsichtig die Tragflächen. Nun ist dein Flieger startbereit.

Tipp: Durch Verstellen der Tragflächen kannst du das Flugverhalten deines Papierfliegers verändern.

Viel Spaß beim Ausprobieren!

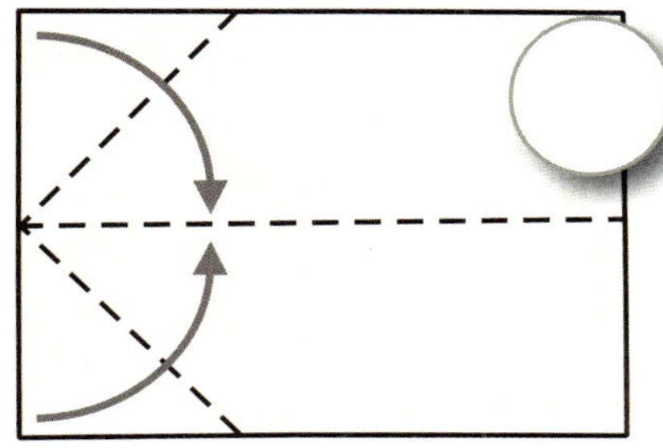

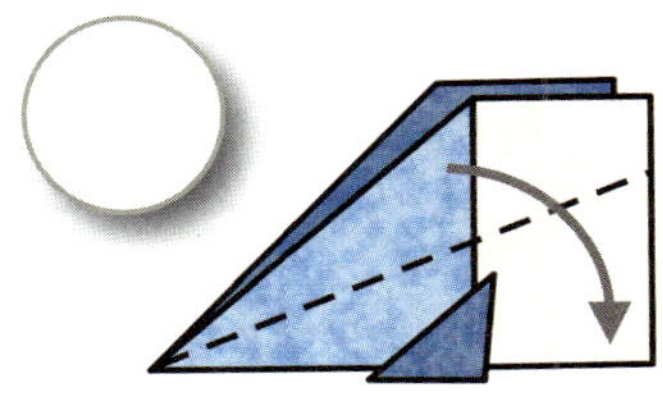

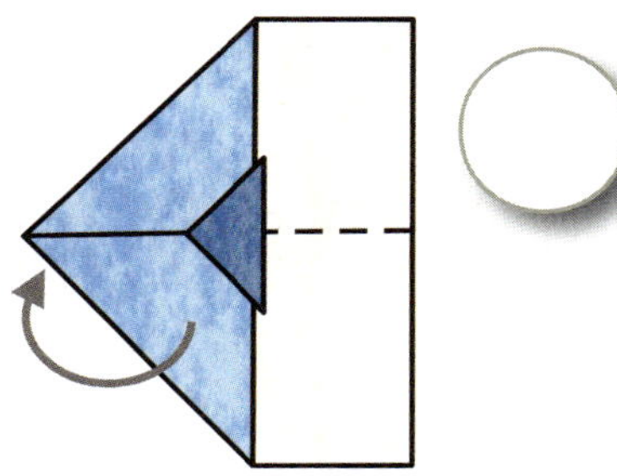

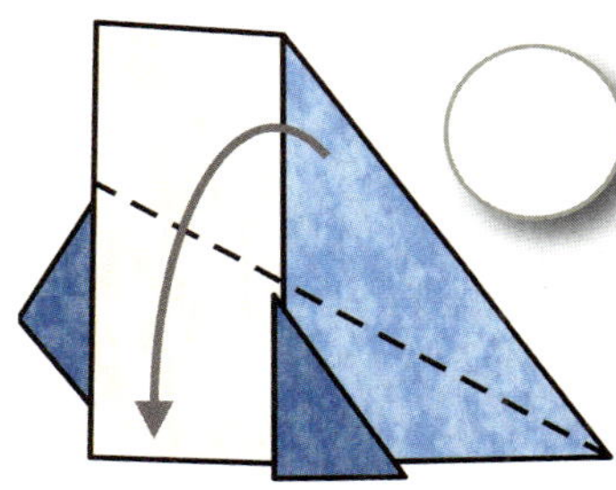

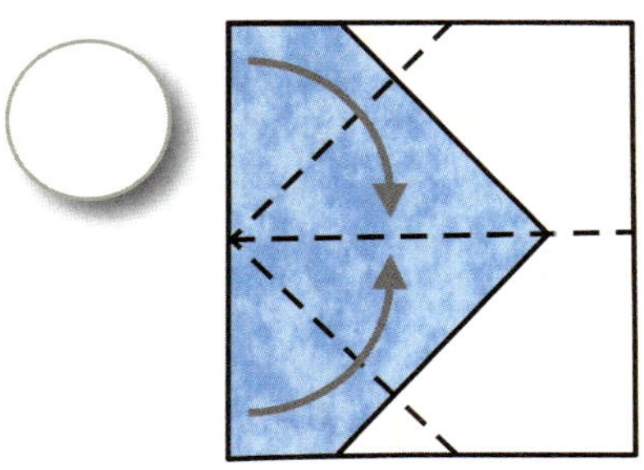

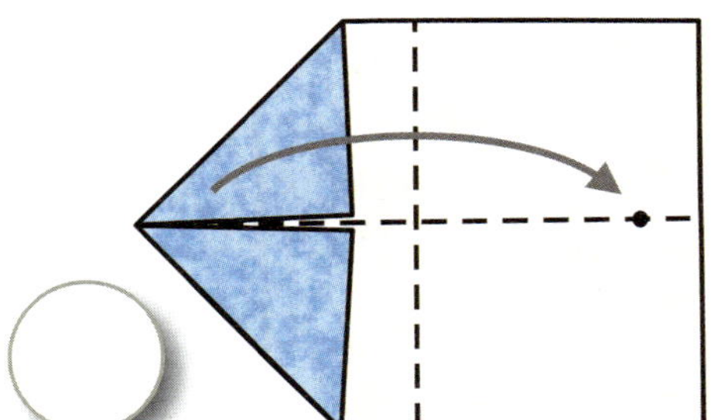

2 **Richtig oder falsch?** Schreibe die korrekte Schreibweise des Wortes daneben auf! Dann kreuze an, ob der Vokal kurz oder lang gesprochen wird! ★★

		lang	kurz
Hut oder Hutt?	______________	☐	☐
Hamer oder Hammer?	______________	☐	☐
Dose oder Dosse?	______________	☐	☐
Wate oder Watte?	______________	☐	☐

Nun geht's los – Aufgaben für schlaue Köpfe!

3 **Wenn der Vater mit dem Sohn** – Schreibe mit Hilfe dieser Bilder eine Bildgeschichte! ★★★
ACHTUNG: Da das erste Bild fehlt, überlege dir auch einen eigenen Einstieg!

4 **Treppauf, treppab:** Ergänze diese Doppelkonsonantentreppe mit den fehlenden Wörtern! ★★★

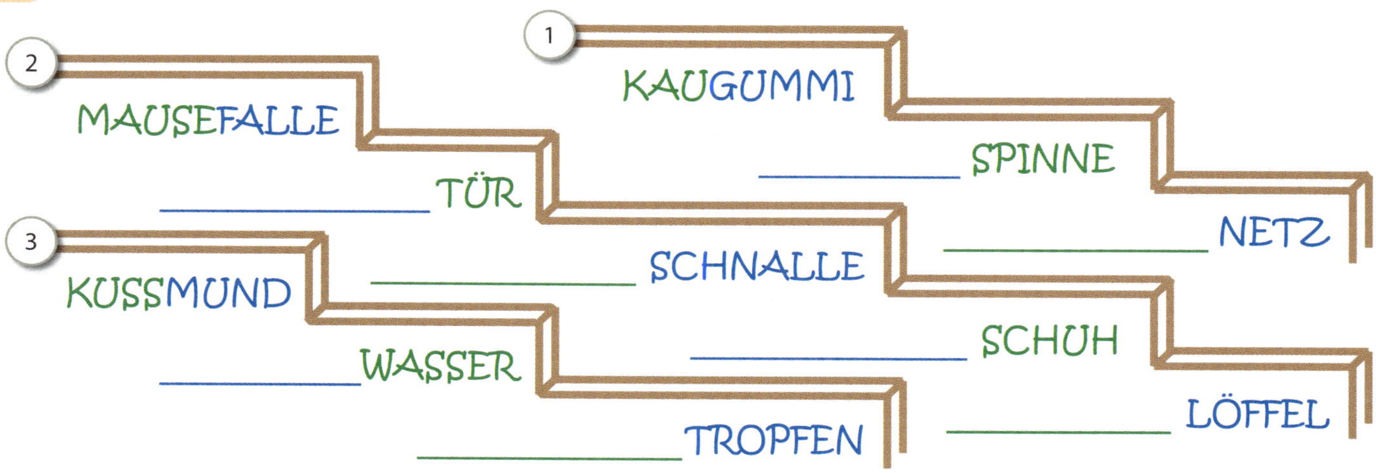

5 **Sag es anders** – tz und ck wurden hier vertauscht. Lies die Wörter richtig deinem Sitznachbarn oder deiner Sitznachbarin vor! Dann wechselt die Rollen! ★★
Wer macht weniger Fehler?

Bätzer – Brütze – Etze – Fletz – Hatze – Hicke – Jatze – Lütze – Mütze – Pfücke – Pucktuch – Rützen – Schack – Schnetze – Schnickel – Schretz – Spetz – Stotz – Wetzer – Wick – Zutzer

Nun geht's los – Aufgaben für schlaue Köpfe!

6 Finde zu jedem Wort mit kurzem Vokal ein gleich klingendes Wort mit langem Vokal und notiere dieses daneben! ★★★★★ **ACHTUNG:** Setzte bei Nomen auch den Artikel dazu! Bei den orange hervorgehobenen Wörtern helfen dir die Bilder.

innen ____________________

die Mitte ____________________

der Herr ____________________

sollen ____________________

satt ____________________

der Schall ____________________

starr ____________________

ritten ____________________

kann ____________________

der Kamm ____________________

7 Lies zuerst die Fabel von Äsop, dann finde eine Überschrift! **Tipp:** Es handelt sich um ein bekanntes Sprichwort! Zum Schluss entscheide, welches Bild zum Text passt, indem du es ankreuzt! ★★

____

Weil ein Wolf immer großen Hunger hatte und selten etwas zu essen bekam, beschloss er eines Tages, sich zu verkleiden.

Er legte sich ein Schafsfell um und **weidete** zusammen mit der Schafherde. Der Hirte bemerkte die **Täuschung** nicht und schloss am Abend den Wolf zusammen mit der Herde im **Gehege** ein. Als aber der Hirte hungrig wurde, fing er zufälligerweise den Wolf ein und briet ihn zum Abendessen.

So hat schon mancher, der in fremden Kleidern auftrat, sein Leben eingebüßt.

Fabel: lehrreiche Geschichte

weiden: auf der **Weide** grasen, Futter suchen und aufnehmen

Weide: Graslandschaft

Täuschung: Irrtum, dem jemand unterliegt

Gehege: umzäuntes Gebiet zur Pflege des Wildes

Nun geht's los – Aufgaben für schlaue Köpfe!

8 **Konsonanten-Laptop:** Wie viele Wörter kannst du mit diesem Rechtschreib-Laptop tippen? **Notiere bei jeder Wortart mindestens fünf neue Wörter!** ★★★★★

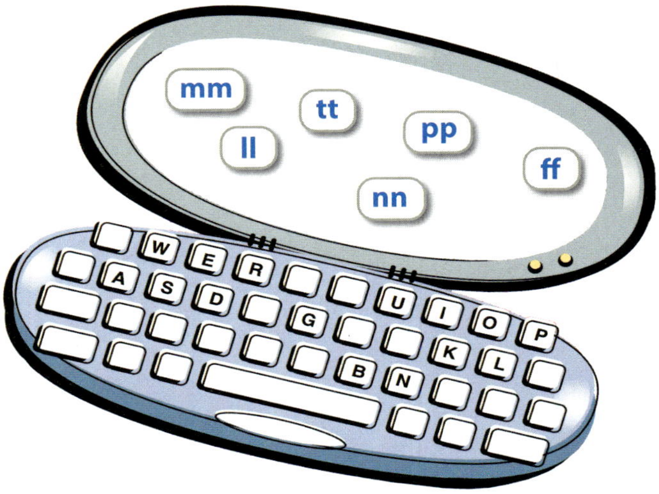

NOMEN: ______________________________

____

____

____

____

ADJEKTIVE: ______________________________

____

____

____

VERBEN: ______________________________

____

Blitzlicht

Ich kann Bilder einer Anleitung zuordnen. (1)			
Ich kann zwischen kurz und lang gesprochenen Vokalen unterscheiden. (2)			
Ich kann eine Bildgeschichte schreiben und eine Einleitung dazu erfinden. (3)			
Ich kann neue Wörter mit Doppelkonsonanten bilden. (4)			
Ich kann mich auf eine Aufgabe konzentrieren. (5)			
Ich kann zu Wörtern mit kurzen Vokalen gleich klingende Wörter mit langen Vokalen finden. (6)			
Ich kann anhand eines Textes ein passendes Bild zuordnen und eine Überschrift finden. (7)			
Ich kann aus einer Auswahl von Buchstaben und Doppelkonsonanten Nomen, Adjektive und Verben bilden. (8)			

Eine Geschichte, viele Sätze

Wie Eulenspiegel einem Esel das Lesen beibrachte

nach *Erich Kästner*

Geboren wurde ich im Jahre 1300 in Deutschland. Viele halten mich für einen Narren. Doch weit gefehlt, ich bin nämlich viel klüger als alle anderen.

Eine Zeit lang zog Till Eulenspiegel von Universität zu Universität. Dort gab er sich als **Gelehrter** aus. Eines Tages kam er schließlich an die Universität in Erfurt (Deutschland). Als die Studenten und der **Rektor** von seiner Ankunft hörten, wollten sie ihm eine unlösbare Aufgabe stellen. Deshalb kauften sie einen Esel und brachten das **störrische** Tier in den Gasthof „Zum Turm" zu Eulenspiegel. Dieser sollte nun dem Esel das Lesen beibringen.

Till war damit einverstanden. „Dafür brauche ich aber ziemlich lange. Ein Esel ist nämlich ein dummes Tier", meinte Eulenspiegel. „Wie lange dauert der Unterricht des Esels?", wollte der Rektor der Universität wissen. „Ich brauche 20 Jahre für den Unterricht", antwortete Till. Insgeheim dachte er aber: 20 Jahre sind eine verdammt lange Zeit. Bis dahin stirbt vielleicht der Rektor, der Esel oder ich selbst. Doch der Rektor war mit den 20 Jahren einverstanden. Für seine Arbeit verlangte Eulenspiegel 500 alte **Groschen**. Man gab ihm einen **Vorschuss** und Till blieb mit seinem vierbeinigen Schüler allein.

Gelehrter: Wissenschaftler

Rektor: Leiter einer Universität

störrisch: widerspenstig, trotzig

Groschen: alte Geldeinheit

Vorschuss: Geld im Voraus

HB 15: Wie es weitergeht, erfährst du, wenn du aufmerksam zuhörst!

Die Verschiebeprobe

Kurz darauf unterhält sich Till mit dem Gastwirt über seinen Auftrag.

Was hast du dem Rektor gesagt? → **Ich** gebe einem Esel Unterricht.

Wem gibst du Unterricht? → **Einem Esel** gebe ich Unterricht.

Was gibst du dem Esel? → **Unterricht** gebe ich dem Esel.

Spiele diesen Dialog mit deinem Sitznachbarn/ deiner Sitznachbarin nach! ACHTUNG: Auf die Wortstellung kommt es an!

Sicherlich ist dir nun aufgefallen, dass Till zwar immer wieder das Gleiche sagt, aber der Satz immer unterschiedlich beginnt.

Genau dabei hilft dir die Verschiebeprobe!

Es ist für den **Sinn eines Satzes** wesentlich, mit welchen Worten man ihn beginnt. So kann ich hervorheben, was mir besonders wichtig erscheint.

Da Till alles genau wissen will, überprüft er mit Hilfe seiner Legosteine, ob die Eule recht hat.

1 Welche Wortart bleibt immer an derselben Stelle? **Kreuze an!**

☐ **Nomen** ☐ **Verb** ☐ **Adjektiv**

2 **Nun überlege!** Aus wie vielen Satzgliedern besteht unser Beispielsatz? **Tipp:** Zähle die Legosteine!

VERSCHIEBEPROBE

Wobei hilft mir die **Verschiebeprobe**?
- Mit ihrer Hilfe können Satzbausteine/**SATZGLIEDER** verschoben werden.
  → Dabei bleibt die Aussage eines Satzes erhalten.
- Sie zeigt dir, aus wie vielen Wörtern ein Satzglied besteht.
  → Alle Wörter, die bei der Verschiebeprobe zusammenbleiben müssen, bilden ein Satzglied.
  → Dabei kann **ein Satzglied** aus **einem Wort** (ich) oder **mehreren Wörtern** (dem Esel) bestehen.
- Sie zeigt dir aber auch die **Anzahl der Satzglieder**.

ACHTUNG: Keinen Fragesatz bilden!

Finde eine Erklärung dafür!

3 **Jetzt bist du an der Reihe!** **Starte mit der Verschiebeprobe! Deine Sätze müssen dabei immer mit einem anderen Satzglied beginnen!**

Eine Zeit lang | zog | Till Eulenspiegel | von Universität zu Universität.

a) *Till Eulenspiegel | zog |* ______________________

____

b) *Von Universität zu Universität |* ______________________

____

4 **Setze bei diesen Sätzen die Trennstriche und kreise dann die Anzahl der Satzglieder ein!**

Die Studenten und der Rektor hörten von seiner Ankunft.	1	2	3	4	5
Für seine Arbeit verlangte Eulenspiegel 500 alte Groschen.	1	2	3	4	5
Sie brachten den Esel in den Gasthof „Zum Turm" zu Eulenspiegel.	1	2	3	4	5

5 **Wie oft schaffst du es?** Nun überprüfe, ob du richtig liegst, indem du die Sätze aus Übung 4 in deinem Heft – so oft es geht – verschiebst und die Trennstriche setzt!

6 In jedem Sack wurden die Satzglieder beim Transport geschüttelt. Bringe die Sätze in eine sinnvolle Reihenfolge und schreibe sie auf!

a) ______________________________

b) ______________________________

____

c) ______________________________

Pass auf, ein Satzglied steht in jedem Satz an derselben Stelle!

7 Nun verschiebe diese Sätze – so oft es geht – in deinem Heft!

8 **Sprichwörter aus vergangener Zeit** – Verknüpfe, was zusammengehört! Dann kläre die Bedeutung dieser Sprichwörter in einem Klassengespräch!

SPRICHWORT	HERKUNFT
immer der Nase nach	Ein Verehrer wurde in einem Korb, der aus dem Fenster der Angebeteten heruntergelassen wurde, hinaufgezogen. War er unerwünscht, blieb er auf halber Höhe hängen.
jemandem einen Korb geben	Um Trinkgläser mit der Kutsche sicher zu transportieren, wurden die Gläser in Fässer mit flüssiger Butter gelegt. Wurde die Butter fest, blieben die Gläser heil.
jemandem etwas anhängen	Fiel ein Ritter bei einem Turnier vom Pferd, musste ihm sein Knappe aufhelfen. War dieser zu faul, war der Ritter der Lanze des Gegners schutzlos ausgeliefert.
im Stich lassen	Da im Burggraben die Abwässer entsorgt wurden, war die Burg leicht zu finden.
alles in Butter	Einem Dieb wurde der gestohlene Gegenstand um den Hals gehängt.

Die Streichprobe

Till probiert etwas Neues aus. Er möchte wissen, wie viele Satzglieder übrigbleiben müssen, damit dieser Satz noch etwas Sinnvolles aussagt.

Der Esel übt mit Begeisterung das Lesen ~~im Stall~~.

Der Esel übt mit Begeisterung ~~das Lesen~~.

Der Esel übt ~~mit Begeisterung~~.

Der Esel übt.

Interessant! Es bleiben also **Satzgegenstand/SUBJEKT** und **Satzaussage/PRÄDIKAT** übrig!

9 Probiere es doch selbst! **Bestimme zuerst mit Trennstrichen die Satzglieder! Reduziere dann den Satz so, dass nur mehr Subjekt und Prädikat übrig bleiben!**

reduzieren: kürzen

Eulenspiegel geht sofort mit dem Esel in den Stall.

____

____

____

Die Erweiterungsprobe

10 Nun einmal umgekehrt – **Erweitere diese Sätze jeweils um zwei Satzglieder!**

Eulenspiegel verlangt ______________ ______________.

Der Esel isst ______________ ______________.

Er fragt ______________ ______________.

Till kam ______________ ______________.

11 Da fehlt ja etwas! **Ergänze diese Prädikate sinnvoll!**

______________ *laufen* ______________.

______________ *fällt* ______________.

______________ *lest* ______________.

______________ *verliere* ______________.

Till Eulenspiegel trieb es von Jahr zu Jahr toller. **Hier nun ein weiterer Streich Tills zum Lesen.**

Wie Eulenspiegel die Kranken heilte nach *Erich Kästner*

Eines Tages kam Eulenspiegel nach Nürnberg (Deutschland). Hier trieb er es besonders bunt. Till klebte an die Kirchtüren und an das Rathausportal Plakate, auf denen er sich als Wunderdoktor ausgab.

Es dauerte gar nicht lange, da kam der **Verwalter** des Krankenhauses zum Heiligen Geist anspaziert und sagte: „Sehr geehrter Herr Doktor! In unserem Spital liegen so viele Kranke, dass ich mir nicht mehr zu helfen weiß. Alle Betten sind belegt und das Geld reicht vorn und hinten nicht. Können Sie mir keinen **Rat geben**?"

Eulenspiegel kratzte sich hinterm Ohr und antwortet: „Doch, doch, lieber Mann. Aber guter Rat ist teuer." „Wie viel?", fragte der Verwalter. Und Eulenspiegel sagte: „Zweihundert **Gulden**." Zunächst blieb dem guten Mann die Luft weg. Und dann erkundigte er sich, was der Herr Doktor Eulenspiegel dafür leisten wolle. …

Verwalter: Person, die verantwortungsvoll etwas leitet

Rat geben: einen Vorschlag machen

Gulden: Geldeinheit

Die Bausteine des Satzes

Das Prädikat und das Subjekt

Prädikat

P

Was geschieht? Was ist?

Verb im Satz

→ gibt die Zeit an, wann etwas geschieht

Till **heilt** die Kranken.

Was macht Till? → **heilt**

Subjekt

S

Wer oder was?

Person oder Ding

→ steht immer im 1. Fall

Till heilt die Kranken.

Wer heilt? → **Till**

Till juckt **das Ohr**.

Was juckt ihn? → **das Ohr**

PRÄDIKAT SUBJEKT

Prädikat und **Subjekt** müssen in **Person** und **Zahl** übereinstimmen!

ACHTUNG: Im Aussagesatz steht die **Personalform des Verbs** immer an **2. Stelle**.

Schritt für Schritt bestimmen

1. Schritt: Frage in jedem Satz nach dem Prädikat und dem Subjekt, dann notiere die Antworten!

2. Schritt: Unterstreiche nun mit **Rot** das **PRÄDIKAT** und mit **Blau** das **SUBJEKT**!

3. Schritt: Zum Schluss schreibe auch **P** und **S** darüber!

ACHTUNG: Beginne immer mit dem **Prädikat,** denn von diesem aus kannst du alle übrigen Satzglieder erfragen!

Von Jahr zu Jahr trieb (P) er (S) es toller.

FRAGE: *Was geschieht?* **ANTWORT:** *trieb*

FRAGE: *Wer trieb es von Jahr zu Jahr toller?*

ANTWORT: *Er trieb es von Jahr zu Jahr toller.*

1 **Erfrage in jedem Satz zuerst das PRÄDIKAT und dann erst das SUBJEKT! Zum Schluss unterstreiche im Satz S und P und schreibe diese Abkürzungen auch darüber!**

Eines Tages kam Eulenspiegel nach Nürnberg.

FRAGE: ______________________ **ANTWORT:** __________

FRAGE: ______________________________

ANTWORT: ______________________________

Till klebte Plakate an die Kirchtüren.

FRAGE: ______________________ **ANTWORT:** __________

FRAGE: ______________________________

ANTWORT: ______________________________

2 **Bestimme in jedem Satz PRÄDIKAT und SUBJEKT wie im Beispielsatz!**

Till (S) war (P) schon als Kind ein Schlingel. Auf seinen Reisen kam Eulenspiegel nach Nürnberg. Der nächste Streich folgte sogleich. Plakate klebte er an die Kirchentüren. Da kam der Verwalter zu Eulenspiegel. Er fragte den Wunderdoktor um Rat. Doch guter Rat ist teuer. 200 Gulden verlangte Eulenspiegel vom Verwalter.

Nun geht's los – Aufgaben für schlaue Köpfe!

1 **So ein Durcheinander** – Hilf Eulenspiegel, wieder Ordnung herzustellen! ★★★

A. Till Eulenspiegel lernt einen gebratenen Apfel.
B. Eulenspiegel macht in einem Bienenkorb.
C. Till schläft einmal Seiltanzen.
D. Till serviert eines Tages in einer Gaststube Wasser zu Wein.

A. ______________________________

B. ______________________________

C. ______________________________

D. ______________________________

____

2 Führe nun für jeden Satz die Verschiebeprobe in deinem Heft durch! ★★

3 Welche drei Aussagen sind richtig? – Kreuze diese an, so findest du das Lösungswort! ★★★★

Die Verschiebeprobe ….

- ☐ hilft mir, Satzglieder zu verschieben. **(W)**
- ☐ gibt an, dass das Subjekt immer an erster Stelle steht. **(I)**
- ☐ zeigt mir, dass ein Satzglied immer nur aus einem Wort besteht. **(S)**
- ☐ zeigt mir, aus wie vielen Wörtern ein Satzglied besteht. **(O)**
- ☐ gibt an, aus wie vielen Satzgliedern ein Satz besteht. **(W)**

LÖSUNGSWORT: . . . , *das hast du aber gut gemacht!*

4 Löse folgende kniffligen Aufgaben! ★★★★★

a) Kreuze jene zwei Sätze an, in denen das Subjekt nicht an erster Stelle steht!

- ☐ Eulenspiegel liebt weiche Eier.
- ☐ Ihm wurden diese weggegessen.
- ☐ Daraufhin rächt er sich.
- ☐ Er serviert dem Dieb einen gespickten Apfel.

b) Um welches Satzglied handelt es sich hier? Kreuze an!

Im Stall lernt der Esel das Lesen. Braucht **er** das jemals?

☐ Subjekt ☐ Prädikat ☐ Dativobjekt ☐ Akkusativobjekt

Nun geht's los – Aufgaben für schlaue Köpfe!

5 **Reduzieren will gelernt sein** – Ordne die Sätze so, dass das SUBJEKT an erster Stelle steht! Dann kürze sie auf SUBJEKT und PRÄDIKAT, die du in die Legosteine hineinschreibst! ★★★

mit seinem vierbeinigen Schüler | Till | geht | in den Stall.

am Markt | sie | sehr billig | kaufen | einen Esel.

Tatsächlich | begeistert | der Esel | im Buch | liest.

6 **Immer das Gleiche** – Stelle die Sätze in deinem Heft so um, dass das SUBJEKT nicht immer an erster Stelle steht! ★★★★★ **Tipp:** Überlege dir auch für das Subjekt andere Wörter!

Till serviert eines Tages in einer Gaststube gebratenen Apfel

Till lernte eines Tages in einer Gaststube einen lustigen Holländer kennen. Till war an diesem Tag nicht zu Späßen aufgelegt. Till fühlte sich krank. Till ließ sich weiche Eier servieren, die aber der Holländer verspeiste. Till war darüber sehr verärgert. Till dachte: „Auch du wirst dein Fett abbekommen!" Till besorgte sich am nächsten Tag einen herrlich großen Apfel. Till höhlte ihn säuberlich aus. Till stopfte Fliegen, Maden und Larven hinein. Till briet danach den Apfel. Till brachte die Köstlichkeit am Abend in die Gaststube. Till nahm Messer und Gabel zur Hand, als der Holländer ihm das Essen entriss und verspeiste. Till freute sich über seinen geglückten Streich. Till beobachtete den Holländer, als er aus der Stube rannte und sich mehrmals übergab.

Blitzlicht

Ich kann Satzteile sinnvoll kombinieren. (1)	○	○	○
Ich kann die Verschiebeprobe durchführen. (2)	○	○	○
Ich weiß, wofür ich die Verschiebeprobe brauche. (3)	○	○	○
Ich erkenne das Subjekt in einem Satz. (4)	○	○	○
Ich kann die Streichprobe anwenden. (5)	○	○	○
Ich kann das Subjekt verschieben und Ersatzwörter finden. (6)	○	○	○

Lesen und verstehen – eine Nacherzählung schreiben

Im Mittelalter lag mitten in Deutschland eine Stadt, die Schilda hieß. Ihre Einwohner nannte man die Schildbürger – das waren merkwürdige Leute. Alles, was sie anpackten, machten sie verkehrt. Alles, was man ihnen sagte, nahmen sie wörtlich.

LESETIPP
Warum sie sich so verhielten, erfährst du im Leseteil auf S. 56. Lies doch einfach diese Geschichte!

1 Lies ihren ersten Streich! Viel Vergnügen beim Lesen!

Die Schildbürger bauen ein Rathaus nach *Erich Kästner*

A. Der Plan, das neue **Rathaus** dreieckig zu bauen, stammte vom Schweinehirten, der bereits den Schiefen Turm von **Pisa** erbaut hatte. Dieser war mittlerweile eine Sehenswürdigkeit. Denn auch die Dummen werden gern berühmt, das war im Mittelalter nicht anders als heute. So gingen die Schildbürger schon am nächsten Tag an die Arbeit. Sechs Wochen später hatten sie die drei Mauern aufgebaut, es fehlte nur noch das Dach. Als es fertig war, fand die feierliche **Einweihung** des neuen Rathauses statt. Alle Einwohner gingen in das dreieckige Gebäude hinein.

B. Doch sie waren noch nicht an der Treppe, da **purzelten** sie durcheinander. Die, die drin waren, wollten wieder hinaus. Die, die draußen standen, wollten unbedingt hinein. Als sie alle im Freien waren, war die Aufregung groß. Der **Schuster** kratzte sich hinter den Ohren und sagte: „In unserem Rathaus ist es finster!" Am Abend suchten sie im Wirtshaus nach einer Lösung. „Wir sollten das Licht wie Wasser in Kübeln ins Gebäude tragen", meinte der **Hufschmied**. Am nächsten Tag schaufelten alle Bürger von Schilda das Sonnenlicht in Kübel, Säcke und Töpfe und schleppten diese ins Rathaus. Dort angekommen, schütteten sie das Licht ins Dunkle. So trieben sie es bis zum Sonnenuntergang. Aber im Rathaus war es noch dunkel wie am Tag zuvor. Da liefen alle traurig wieder ins Freie.

C. Da kam ein **Landstreicher** des Weges, der Rat wusste. Er sagte: „Kein Wunder, dass es in eurem Rathaus finster ist, ihr müsst das Dach abdecken". Gesagt, getan, tags darauf wurde es wie durch ein Wunder im Rathaus sonnenhell. Das ging lange Zeit gut, bis im Herbst graue Wolken am Himmel heraufzogen und ein **Platzregen** einsetzte. Die Schildbürger, die gerade im Rathaus saßen, wurden bis auf die Haut nass. Der Sturm riss ihnen sogar die Hüte vom Kopf und sie rannten durchnässt nach Hause.

Rathaus: Verwaltungssitz der Gemeinde

Pisa: Stadt in Italien

Einweihung: feierliche Eröffnung

purzeln: sich überschlagen

Schuster: Schuhmacher

Hufschmied: Schmied, der die Pferde mit Hufeisen beschlägt

Landstreicher: Person ohne festen Wohnsitz, die von einem zum anderen Ort wandert

Platzregen: kurzer, starker Regenfall

Span: ein Stück Holz

D. So versuchten sie es eine Zeit lang mit dem Rathaus ohne Dach. Als es dann aber zu schneien begann, deckten sie das Dach wieder mit Ziegeln. Nun war es im Rathaus freilich wieder stockfinster. Doch diesmal steckte sich jeder ein brennendes Stück Holz an den Hut. Leider begannen die **Späne** nach einer Viertelstunde zu flackern. Eine halbe Stunde später roch es dann nach angebrannten Hüten. Die Männer saßen wieder im Dunkeln. Plötzlich rief der Schuster aufgeregt: „Da! Ein Lichtstrahl!" Tatsächlich, durch einen Riss in der Mauer kam etwas Sonnenlicht herein. Wie gebannt starrten sie auf den Lichtstrahl. „Oh, wir Esel! Wir haben ja die Fenster vergessen!", riefen die Schildbürger. Sie stürzten nach Hause, holten ihr Werkzeug und noch am Abend waren die Fenster fertig. So wurden die Schildbürger zwar nicht wegen ihres dreieckigen Rathauses, sondern vielmehr durch die vergessenen Fenster berühmt.

2 Ordne die Überschriften den Absätzen bei Übung 1 richtig zu, indem du sie auf die freien Zeilen darüber schreibst!

Fang das Licht

Die Erleuchtung

Abgedeckt

Der Plan, berühmt zu werden

3 **Schlüsselwörter finden** – Unterstreiche im Text von Übung 1 alle Schlüsselwörter, die auf den Post-It stehen!

Schlüsselwort: Wort von entscheidender Bedeutung im Text

A. Plan ✶ Rathaus ✶ dreieckig ✶ berühmt ✶ Schildbürger ✶ sechs Wochen ✶ Einweihung

B. purzelten ✶ Schuster ✶ finster ✶ Hufschmied ✶ Sonnenlicht in Kübel ✶ schütteten ✶ noch dunkel

C. Landstreicher ✶ Dach abdecken ✶ tags darauf ✶ sonnenhell ✶ Herbst ✶ Platzregen ✶ nass

D. deckten … mit Ziegeln ✶ stockfinster ✶ brennendes Stück Holz ✶ Hut ✶ wieder im Dunkeln ✶ Riss ✶ Mauer ✶ Sonnenlicht ✶ Fenster

4 Bilde nun mit diesen Schlüsselwörtern sinnvolle Sätze in deinem Heft! **ACHTUNG:** Mit diesen Sätzen sollst du die Geschichte inhaltlich und in der richtigen Reihenfolge nacherzählen.

So kannst du beginnen: *Die Schildbürger hatten einen Plan. Sie wollten …*

5 Oscar hat eine Nacherzählung mit Hilfe der Schlüsselwörter aus Übung 3 verfasst. **Lies zuerst seinen Aufsatz! Dann unterstreiche alle Schlüsselwörter in seinem Aufsatz! Zum Schluss notiere in seinen Gedankenblasen die Gliederung seines Aufsatzes!**

Ein neues Rathaus

Die Bürger von Schilda hatten einen Plan. Sie wollten ein Rathaus bauen, um so berühmt wie die Stadt Pisa zu werden. Die Schildbürger stellten das Rathaus in sechs Wochen fertig. Alle kamen zur feierlichen Einweihung.

Als die Schildbürger ins Rathaus gingen, purzelten sie durcheinander. Aufgeregt stürzten sie nach draußen. Der Schuster sagte: „In unserem Rathaus ist es finster!" Da hatte der Hufschmied eine Idee und rief: „Lasst uns das Licht in Kübeln ins Rathaus tragen!" Sie füllten das Sonnenlicht in Kübel, Säcke und Töpfe. Dann schleppten sie diese zum Rathaus und schütteten dort alles aus. Doch am Abend war es immer noch dunkel.

Zum Glück kam ein Landstreicher vorbei. Er gab ihnen folgenden Rat: „Ihr müsst das Dach abdecken, dann wird es wieder hell!" Die Schildbürger deckten tags darauf das Dach ab und es war sonnenhell. Es setzte ein Platzregen ein. Da das Dach aber fehlte, wurden alle im Rathaus nass.

Die Schildbürger deckten das Dach mit Ziegeln. Wieder war es stockfinster im Rathaus. Da hatten sie eine Idee: „Lasst uns ein brennendes Stück Holz an unserem Hut befestigen!" Doch als die Späne abbrannten, saßen sie wieder im Dunkeln. Plötzlich sahen sie durch einen Riss das Sonnenlicht.

Das war die Lösung! Schnell bauten sie Fenster ein und wurden durch diese Geschichte berühmt.

6 **Wo fehlen die Schlüsselwörter?** Jede Zahl steht für eine Zeile in Oscars Nacherzählung. **Male jene Ziffern aus, die für die fehlenden Schlüsselwörter stehen!**

1 2 3 4 5 6 7 8 9 10 11
12 13 14 15 16 17 18 19
20 21 22 23 24 25 26 27 28

REZEPT Nacherzählung

Diese Aufsatzform verwendest du, wenn du eine gelesene oder gehörte Geschichte nacherzählen willst. Du erzählst mit **eigenen Worten** den Inhalt einer Geschichte genau nach.

1. Schreibe in der Mitvergangenheit!
2. Zuerst ist es notwendig, dass du die Geschichte sehr aufmerksam **Absatz für Absatz** liest.
3. Dann lies die Geschichte noch einmal und **unterstreiche/markiere Schlüsselwörter**!
4. Beim Schreiben musst du dich an folgenden Aufbau halten:

   EINLEITUNG → Wann? Wo? Wer?

   HAUPTTEIL → Höhepunkt

   SCHLUSS → klares Ende

5. **Lasse nichts Wichtiges weg und erfinde nichts dazu!** Verändere auch nichts am Inhalt und am Sinn der Geschichte!
6. Erzähle die Geschichte in **eigenen Worten** nach! Es ist daher nicht nötig, dass du dir den genauen Wortlaut der Geschichte merkst.
7. Schreibe **lebendig** und **spannend**! Verwende dazu auch **direkte Reden**!

7 **HB 16: Der Kaiser besucht die Schildbürger** – Höre bei der nächsten Schildbürgergeschichte aufmerksam zu! Dann spiele sie ein zweites Mal ab und notiere dir dabei Schlüsselwörter zu dieser Geschichte!

8 **Erzählen macht Spaß** – Erzähle nun gemeinsam mit deinem Sitznachbarn/deiner Sitznachbarin abwechselnd – Satz für Satz – die Geschichte nach! **Tipp:** Verwendet eure Schlüsselwörter als Hilfe!

9 Verfasse nun eine Nacherzählung und verwendet dabei diese Checkliste!

LESETIPP
Im Leseteil auf S. 57 kannst du die ganze Geschichte nachlesen. Dort wurden die Schlüsselwörter bereits markiert.

Checkliste

- ○ Ich habe die Geschichte mindestens zwei Mal gelesen oder gehört.
- ○ Ich habe Schlüsselwörter unterstrichen/markiert.
- ○ Ich habe meinen Aufsatz in drei Abschnitte gegliedert: **EINLEITUNG – HAUPTTEIL – SCHLUSS**.
- ○ Ich habe die wichtigen Informationen nacherzählt.
- ○ Ich habe nichts dazu erfunden.
- ○ Ich habe den Inhalt nicht verändert.
- ○ Ich habe in eigenen Worten nacherzählt.
- ○ Ich habe meine Nacherzählung in der Mitvergangenheit geschrieben.
- ○ Ich habe meinen Aufsatz drei Mal durchgelesen → Inhalt, Rechtschreibung, Grammatik.
- ○ Ich habe das Wörterbuch verwendet.

Fallergänzungen

Die Schildbürger sind von Till Eulenspiegels Streichprobe begeistert. Sie tragen ihrem **Schulmeister** auf, diese ihren Kindern beizubringen.

- ☐ Es klappt.
- ☐ Er dankt.
- ☐ Der Kaiser bringt.
- ☐ Die Bürger lachen.
- ☐ Wir haben.
- ☐ Der Kaiser schenkt.
- ☐ Der Bote rennt.
- ☐ Sie reiten.
- ☐ Er gibt.
- ☐ Sie versprechen.

1 Beantworte die Frage des Schulmeisters, indem du jene Sätze ankreuzt, die nicht alleine stehen können!

Schulmeister: Lehrer

Bote: jemand, der im Auftrag eines anderen etwas überbringt

2 Ergänze nun jene Sätze, die allein keinen Sinn ergeben, in deinem Heft!
Tipp für Profis: Halte dich an den Inhalt der Hörgeschichte!

Beispiel:

Sie | brauchen | Steckenpferde.

Der Kaiser | reicht | ihm | die Hand.

OBJEKT Neben Prädikat und Subjekt benötigen manche Sätze auch **OBJEKTE/Ergänzungen**. Erst dann ergeben die Sätze einen **Sinn**.

3 Unterstreiche in diesen Sätzen alle ERGÄNZUNGEN mit Grün! Zum Schluss bestimme auch noch PRÄDIKAT und SUBJEKT!

Der Kaiser schickt seinen Boten. Das Fest bereitet dem Kaiser große Freude. Er übergibt dem Bürgermeister den Freibrief. Den Bürgern gratuliert der Kaiser. Sie tragen eine Narrenmütze. Drei Schellen hat die Narrenmütze.

DATIVOBJEKT O3	Wem?	Ersatzwort dir/mir
AKKUSATIVOBJEKT O4	Wen oder was?	Ersatzwort dich/mich

Er dankt **dem Kaiser**.

Wem dankt er? → **dem Kaiser** (dir/mir)

Sie feiern **ein Fest**.

Was feiern sie? → **ein Fest** (dich/mich)

4 Erfrage zuerst das unterstrichene Satzglied! Dann kreuze das passende Ersatzwort an! Zuletzt bestimme den Fall, indem du O3 oder O4 darüberschreibst!

Man nennt die Einwohner Schildbürger.	**Frage:** ____________	dir ☐	dich ☐
Sie brachten viele Besucher zur Verzweiflung.	**Frage:** ____________	dir ☐	dich ☐
Den Schildbürgern ist nur schwer zu helfen.	**Frage:** ____________	dir ☐	dich ☐
Es fehlt ihnen der Verstand.	**Frage:** ____________	dir ☐	dich ☐
Niemand versteht sie.	**Frage:** ____________	dir ☐	dich ☐
Keiner glaubt den Schildbürgern.	**Frage:** ____________	dir ☐	dich ☐

5 Unterstreiche nun in Übung 3 alle Dativ- und Akkusativobjekte mit Grün! Schreibe O3 oder O4 über die Ergänzung!

GENITIV

Im Deutschen gibt es nur wenige Verben, die den **GENITIV** verlangen.

Beispiele: gedenken, bezichtigen, harren, rühmen, belehren

GENITIVOBJEKT O2 — *Wessen?*

Die Schildbürger rühmen sich **ihrer Taten**.

Wessen rühmen sie sich? → **ihrer Taten**

Die Verbklammer

VERBKLAMMER

Wenn ein Prädikat aus zwei oder mehreren Teilen besteht, bilden diese eine **VERBKLAMMER**.

Beispiele:

Verbklammer

Die Schildbürger **bauen** im Rathaus Fenster **ein**.
→ **trennbares Verb:** einbauen

Verbklammer

Die Schildbürger **haben** Berühmtheit **erlangt**.
→ mit einem **Hilfsverb** (haben, sein, werden)

1 Bilde mit folgenden Verben in deinem Heft sinnvolle Sätze!

einkaufen ✶ sind gelaufen ✶ aufschneiden ✶ haben gegessen ✶ vorlesen ✶ abholen ✶ nachlaufen ✶ werden schreiben ✶ austrinken

Nun geht's los – Aufgaben für schlaue Köpfe!

1 Viele Verben mit Akkusativ können zusätzlich auch einen Dativ verlangen. **MERKE: Der Dativ steht dann immer vor dem Akkusativ!** Beweise dich als Satzmeister/Satzmeisterin und stelle diese Sätze fertig! ★★★★★

Nom.		Dat.	Akk.	
Ich	schenke	der Lehrerin	meine Aufmerksamkeit	.
Gibst		mir		?
	glauben		die Geschichte	.
Die Mutter	kocht			.
	kauft			.

2 **Dativ oder Akkusativ?** Welches Ersatzwort kann an Stelle des unterstrichenen Satzteils eingesetzt werden? Kreuze an! ★★

	Fall: ______	Fall: ______
Der Kaiser besuchte die Schildbürger.	☐ dir/mir	☐ dich/mich
Er schickte ihnen einen Brief.	☐ dir/mir	☐ dich/mich
Der kaiserliche Bote überbrachte diesen Brief.	☐ dir/mir	☐ dich/mich
Steckenpferde schnitzte der Tischler.	☐ dir/mir	☐ dich/mich
Die Bürger hüpften dem Kaiser entgegen.	☐ dir/mir	☐ dich/mich

3 **Hier ist aber einiges durcheinandergekommen** – Stelle die Sätze in deinem Heft richtig, unterstreiche die PRÄDIKATE und zeichne die Verbklammer ein! ★★★ **VORSICHT:** In einem Satz besteht das Prädikat aus drei Teilen!

A. ein Fest – Die Schildbürger – richteten – aus – für den Kaiser.

B. ließ – der Bürgermeister – Beim Überreichen – fallen – den Senftopf.

C. völlige Narrenfreiheit – Der Freibrief – den Schildbürgern – sicherte – zu.

D. lassen – Er – kosten – den Kaiser – wollte – vom Senf.

E. Zum Abschied – neben der kaiserlichen Kutsche – her – sprangen – die Schildbürger.

4 **Was stimmt hier nicht?** Kreuze an, welche Zutaten nicht zum Kochrezept einer Nacherzählung passen! ★★

- ☐ Verändere nicht den Inhalt der Geschichte!
- ☐ Verwende Einwortsätze, um Spannung aufzubauen!
- ☐ Lies die Geschichte Absatz für Absatz!
- ☐ Unterstreiche die Schlüsselwörter!
- ☐ Beginne mit den allgemeinen Informationen zu einer Person!
- ☐ Beachte die Bildreihenfolge!

Nun geht's los – Aufgaben für schlaue Köpfe!

5 Warum die Schildbürger sich dumm stellten – Ordne die unterstrichenen Satzglieder richtig zu, indem du sie in das passende Kästchen schreibst! ★★★★

Die Schildbürger waren fleißige Leute. Boten kamen aus fernen Ländern, um sich Rat zu holen. Die klügsten Schildbürger verließen die Stadt. Die Kaiser, Könige und Sultane dankten den Männern für ihre Hilfe. Die Frauen mussten die Arbeiten der Männer verrichten. Die Kinder gehorchten ihren Müttern nicht mehr. Den Bürgerinnen von Schilda aber fehlten die Männer. Das war zu viel! Wütend schrieben sie ihren Männern einen Brief. In diesem stand Haarsträubendes, mit dem sie ihre Männer zur Heimkehr bewegen wollten.

S	P

03	04

6 **Unsinniges von den Frauen von Schilda in einem Brief an ihre Männer** – Lies zuerst ihre haarsträubenden Tätigkeiten! Dann stelle diese in einem einzigen Satz in deinem Heft richtig! ★★

Wir beschlagen den Marktplatz. Wir kassieren Diebe ein. Wir pflastern die Pferde. Wir backen die Kinder. Wir fällen Brunnen. Wir läuten Bäume. Wir hobeln Zähne. Wir graben Wiesen. Wir mähen Glocken. Wir ziehen Bretter. Wir unterrichten Semmeln. Wir sperren die Steuern ein.

Die Männer eilten nach Hause und stellten Folgendes fest: *Stimmt alles nicht, denn unsere Frauen beschlagen die Pferde, kassieren …*

Blitzlicht

	☀	☁	⚡
Ich beachte beim Bilden von Sätzen die richtige Satzstellung. (1)	○	○	○
Ich kann Ersatzwörter für den 3. und den 4. Fall als Probe verwenden. (2)	○	○	○
Ich kenne die Stellung der Satzglieder und kann eine Verbklammer erkennen. (3)	○	○	○
Ich weiß, wie man eine Nacherzählung schreibt. (4)	○	○	○
Ich kann Satzglieder bestimmen. (5)	○	○	○
Ich kann aufgrund des Inhaltes Satzteile richtig zusammenfügen. (6)	○	○	○

Die Dehnung

Die Vokalverdoppelung

aa
ee
oo

Manchmal werden auch **Vokale** verdoppelt: **aa – ee – oo**

Wörter mit Doppelvokal werden deshalb auch lang ausgesprochen.

Sobald aus einem **aa** ein Umlaut wird, schreibe einen Umlaut a (**ä**)!
Saal → Säle

1 **Finde in jeder Zeile zwei weitere Beispiele!**

das Paar: ______________________________

das Meer: ______________________________

das Moos: ______________________________

2 **So ein Kuddelmuddel** – Quinn und Kira haben diese Komposita beim Spielen durcheinandergebracht. **Setze sie wieder mit Artikel richtig zusammen und schreibe sie in dein Heft!**

HOCHBEET HAUSWURZEL ERDSAAL
HAARBLATT BUNDESSEE KLEEWAAGE
BLUMENBEERE KÜCHENSTAAT
FESTBOOT

3 Wie schreibt man das richtig? **Wähle aus und setze ein!**

Mein neues ______________ [**Paar/paar**] Schuhe habe ich über das Internet bestellt.

Das tut mir in der ______________ [**Seele/Säle**] weh.

______________ [**Heer/Herr**] Mayer musste zum ______________ [**Heer/Herr**] einrücken.

Die ______________ [**Beeren/Bären**] schmecken dieses Jahr besonders süß.

In meinem ______________ [**Beet/Bett**] schlafe ich alleine.

Zum Weltraum sagt man auch ______________ [**Aal/All**].

Jeden Tag ______________ [**leeren/lehren**] wir den Mistkübel aus.

Viele ______________ [**Waagen/Wagen**] werden mit ______________ [Waagen/ Wagen] transportiert.

______________ [**Meer/Mehr**] geht nicht mehr.

Wörter mit ________

Liebe besiegt Kriege.
Sie studiert Fotografie.
Diener servieren Fliegen.
Wieso fliegen Bienen tief?
Viele lieben friedliche Ziegen.
Sieben Schienen liegen schief.
Die Wiener spielen wieder Lieder.
Zielstrebig liefen diesmal die Sieger.
Siebzig Tiere kriechen vierbeinig hierher.
Fiebernd liegt Marie dienstags darnieder.

4 Welche Überschrift fehlt am Anfang dieser Seite? **Ergänze diese!**

Spricht man den **i-Laut** lang, dann schreibt man das Wort meist mit **ie**.

Beispiele: W**ie**se, z**ie**hen, n**ie**mand

Verben, die auf **-ieren** enden, werden mit **ie** geschrieben.

Beispiele: prob**ieren**, spaz**ieren**, marsch**ieren**

ie

5 **Bilderrätsel** –Was ist hier zu sehen? **Löse das Rätsel!**

waagrecht:

senkrecht:

Wieder oder wider? Das ist hier die Frage!

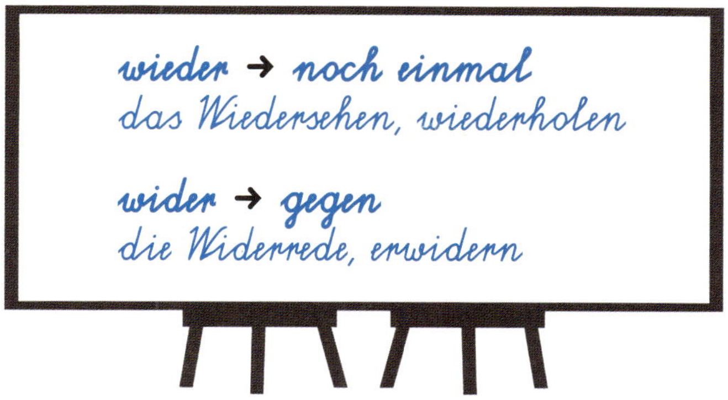

6 Zeichne zuerst eine Tabelle wie hier in dein Heft (6 Zeilen, 3 Spalten)! Dann suche je fünf Wörter mit WIEDER und WIDER im Wörterbuch und trage diese mit ihrer Bedeutung in deine Tabelle ein!

WIEDER	WIDER	BEDEUTUNG

Das Dehnungs-h

h

Wird ein **Vokal** lang gesprochen, so kann danach ein **DEHNUNGS-h** stehen.
→ Der Vokal wird durch das h lang ausgesprochen.
Beispiele: fahren, der Verkehr, bohren

7 Finde zehn Beispielwörter mit Dehnungs-h in deinem Wörterbuch und schreibe sie in dein Heft!

8 **Denksport-Wörter,** die du leicht verwechseln kannst! Setze richtig ein!
Tipp: Nur der Sinn des Satzes verrät dir die Lösung.

__________ fressen keine __________.

Während Lukas den Pfeffer __________,

__________ Marie ein Bild.

Ein __________ geht niemals zur __________.

Müller ist mein __________.

Die __________ an Handydiebstählen ist erschreckend.

Im __________ landet immer __________ Müll.

MERKE

IN und **IM**: geben einen Ort an → **WO?**

IHN: steht stellvertretend für ein Nomen im **Akkusativ** → **WEN?**

IHM: steht stellvertretend für ein Nomen im **Dativ** → **WEM?**

9 **Wie Eulenspiegel in einem Bienenkorb schlief – Setze richtig ein! Tipp:** Der Bienenkorb hilft dir dabei!

Einmal besuchte Till mit seiner Mutter _______ einem Nachbardorf das Kirchfest. ________ schmeckte das Bier recht gut, sodass ________ schwindlig wurde. Er torkelte ______ einen stillen Garten, ______ dem viele Bienenstöcke standen. Dort fiel Till _____ einen leeren Bienenstock. Seine Mutter suchte ______ überall. In der Nacht stahlen _____ zwei Diebe ______ Garten. ______ Bienenkorb versteckt zog Till einen Dieb am Haar. Dieser glaubte, dass _______ sein Freund gezogen hatte und schlug auf ______ ein.

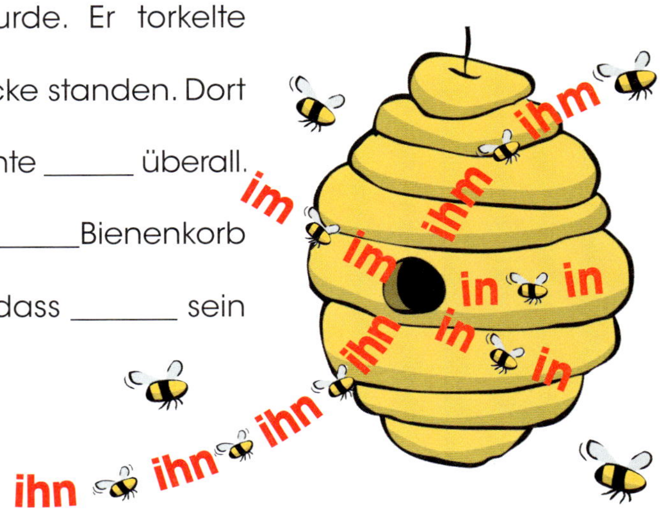

Lang gesprochene Wörter ohne Dehnung

MERKE: Wer **nämlich**, **ziemlich** und **dämlich** mit h schreibt, ist nämlich ziemlich dämlich.

Es gibt Wörter, die lang gesprochen werden, aber trotzdem **ohne Dehnungszeichen** (ie und h) geschrieben werden.

Oft kommen diese Wörter aus anderen Sprachen oder leiten sich von einem anderen Wort ab.

Beispiele: Maschine (gr.-fr.) nämlich (von Name)

!

10 **HB 17:** Höre genau zu! Dann male in diesen Wörtern jene Buchstaben an, die beim Schreiben oft zu Fehlern führen!

wir * Tiger * persönlich * Lawine *
Name * ziemlich * kam * Liter *
sie waren * holen * hören * tun *

Nun geht's los – Aufgaben für schlaue Köpfe!

1 **Alles doppelt** – Male zuerst rechts die Kästchen mit **Doppelvokalen** an, die mit **Doppelkonsonanten**! Verbinde dann mit Lineal und schreibe die Wörter mit Artikel rechts auf die Linien!
ACHTUNG: Jeder Doppelkonsonant oder Doppelvokal passt nur einmal! ★★★★★

La 

W  ge

Kla  e

Ro  e

A  e

Pa  e

We  e

Ba  er

S 

Ra  e

aa	
bb	
ee	
ff	
gg	
ll	die Welle
mm	
nn	
pp	
tt	die

2 **Reimmeisterschaft** – Welche Reimwörter passen hier? Setze ein! ★★★

Der Riese liegt entspannt in der ____________________. 

Man muss den Garten __________________, damit die Blumen sprießen. 

Ein gefährliches Tier ist der _________________________. 

Ein Dieb, der stiehlt ein goldenes ____________________. 

Es gibt viele ________________________ über den Flieder. 

Nun geht's los – Aufgaben für schlaue Köpfe!

3 **Wieder oder wider?** Hilf Markus Schreibefein, die Merkhilfen zu vervollständigen! Dann löse seinen Test, indem du das Richtige ankreuzt! ★★★★

Wenn ___________________ nur **dagegen** meint, dann ist das **e** dem **i** stets **Feind**.

Wenn ___________________ nur **noch einmal** meint, dann ist das **e** dem **i** ein **Freund**.

TEST: Morgen komme ich zur selben Zeit ○ **wieder** ○ **wider**.

Der Zeitungsbericht spiegelt nicht die Tatsachen ○ **wieder** ○ **wider**.

Sie hat ○ **wieder** ○ **wider** besseren Wissens gehandelt.

Vertragen wir uns ○ **wieder** ○ **wider**?

Lass dich hier nie ○ **wieder** ○ **wider** blicken!

4 **Partnerdiktat:** Diktiert euch zuerst gegenseitig folgende Wörter! Dann tauscht die Hefte und kontrolliert die Rechtschreibung des jeweils anderen! ★★

allmählich * bohren * empfehlen * Fahne * fehlen * Fohlen * fühlen * Gefühl * Höhle * Huhn * Kohle * mahlen * nehmen * Ohr * stehen * Stuhl * Uhr * wahr * während * wohl * Zahl * zehn

5 Übertrage jene Wörter, die du falsch geschrieben hast, in deine Fehlerkartei! ★

6 *In* **und** *im* **oder** *ihn* **und** *ihm*, **das ist hier die Frage!** Streiche die falsche Version durch! ★★★

Ihm / Im Theater traf ich ihn / in. Ich gab ihm / im ein Rätsel auf, das ihm / im Internet stand. Ihn / In der Schule gefällt es ihm / im. Ich traue ihm / im nicht über den Weg. Die Schularbeit ihn / in Mathematik ist ihm / im gut gelungen. Ihm / Im liegt das Wohl der anderen am Herzen. Wir lesen gerade ein spannendes Buch ihn / in Deutsch. Du besuchst ihn / in täglich ihm / im Krankenhaus. Ich mag ihn / in.

Blitzlicht

Ich kann Wörter mit Doppelkonsonanten und Doppelvokalen bilden. (1)	○	○	○
Ich kann anhand von Bildern Reimwörter mit -ie- finden. (2)	○	○	○
Ich kann eine Merkhilfe ergänzen und diese anwenden. (3)	○	○	○
Ich kann ein Partnerdiktat durchführen und fehlerhafte Wörter in meine Fehlerkartei eintragen. (4 + 5)	○	○	○
Ich kenne den Unterschied zwischen „ihn" und „in" sowie „ihm" und „im". (6)	○	○	○

Vor langer Zeit …

Auf dem Dachboden findet Paul das alte Märchenbuch seines Großvaters. Er beginnt zu lesen und die Zeit verfliegt im Nu. Dann schläft er ein. In seinem Traum trifft er auf viele Märchenfiguren.

1 Ordne die Märchentitel aus Pauls Traum diesen Textauszügen zu!

FORSETZUNG folgt: Die Bremer Stadtmusikanten findest du im Leseteil auf S. 62.

Es hatte ein Mann einen Esel, der schon lange Jahre die Säcke **unverdrossen** zur Mühle getragen hatte, dessen Kräfte aber nun zu Ende gingen, sodass er zur Arbeit nicht mehr zu gebrauchen war. Da dachte der Herr daran, ihn **aus dem Futter zu schaffen**, aber der Esel merkte, dass **kein guter Wind wehte**, lief fort und machte sich auf den Weg ….

Sie hatte lange **prächtige** Haare, fein wie **gesponnenes** Gold. Wenn sie nun die Stimme der Zauberin **vernahm**, so band sie ihre Zöpfe los, wickelte sie oben um einen Fensterhaken, und dann fielen die Haare 20 **Ellen** tief herunter …

HB 18: Er lud den Stein auf und ging mit vergnügtem Herzen weiter; seine Augen leuchteten vor Freude. „Ich muss in einer Glückshaut geboren sein", rief er aus, „alles, was ich wünsche, trifft mir ein, wie einem Sonntagskind."

HB 19: Rucke di guh, rucke di guh,
Blut ist im Schuh:
Der Schuh ist zu klein,
die rechte Braut sitzt noch daheim.

unverdrossen: unermüdlich

aus dem Futter schaffen: das Tier loswerden/verkaufen

es weht kein guter Wind: es herrscht schlechte Stimmung

prächtig: großartig

spinnen: zu Garn verarbeiten (Spinnrad)

vernehmen: von jemandem etwas erfahren, hören

Elle: altes Längenmaß; abgeleitet von der Länge eines Unterarms

2 **Es war einmal …** Versuche nun, ein Märchen vollständig deinem Sitznachbarn/deiner Sitznachbarin leise zu erzählen! Schaffst du das? **Tipp:** Verwende dazu diese Checkliste! Es müssen aber nicht immer alle Kennzeichen in einem Märchen vorkommen.

Checkliste

- ○ Erzähle und schreibe in der **Mitvergangenheit**!
- ○ **Einleitungen**: „Es war einmal …" oder „Vor langer, langer Zeit".
- ○ **Zeit**: keine genauen Angaben
- ○ **Orte**: Schloss, Burg, Königreich, …
- ○ **Hauptfiguren**: Könige, Prinzessinnen, böse Stiefmütter, …
- ○ **Zauberwesen**: Feen, Hexen, Zwerge, …
- ○ **Tiere**: Katze, Esel, Frosch … → Diese zeigen menschliche Verhaltensweisen und können sprechen.
- ○ **Verkleinerungsformen**: Täubchen, Tischlein, Häuschen, …
- ○ **Doppelausdrücke**: Gold und Silber, Hab und Gut, …
- ○ **direkte Reden**
- ○ **Schluss**: „Und wenn sie nicht gestorben sind, dann leben sie noch heute", „Sie lebten glücklich bis an ihr Lebensende", …

Einigt euch zum Schluss auf ein Märchen und stellt es den anderen Gruppen pantomimisch dar! Wer sind die Märchenprofis?

3 **Märchenraten** – Bildet Gruppen mit jeweils fünf Schüler/innen! Besprecht dann folgende Punkte:

a) Warum hast du gerade dieses Märchen deinem/deiner Sitznachbar/in erzählt?
b) Wann hast du dieses das letzte Mal gehört oder gelesen?
c) Gefällt dir dieses Märchen auch heute noch? Begründe!

4 Ordne diese alten Redewendungen, die oft in Märchen vorkommen, ihren heutigen Bedeutungen richtig zu! Schreibe dazu die passenden Buchstaben rechts in die Kästchen!

A	*jemandem ein Märchen erzählen*	☐	verraten
B	*aus dem Schneider sein*	☐	nicht genug bekommen
C	*den Hals nicht vollkriegen*	☐	gerettet sein
D	*jemandem Beine machen*	☐	im Überfluss leben
E	*Feuer und Flamme sein*	☐	lügen
F	*jemandem etwas auf die Nase binden*	☐	schnell, ohne nachzudenken
G	*über Stock und Stein*	☐	kein Geld haben
H	*Hals über Kopf*	☐	begeistert sein
I	*am Hungertuch nagen*	☐	querfeldein
J	*in Saus und Braus leben*	☐	zur Eile antreiben

5 Lies nun dieses Märchen! **Viel Vergnügen dabei!**

Rapunzel

Es war einmal ein Ehepaar, das sich schon lange Zeit nach einem Kind **sehnte**, aber keines bekam. Vor ihrem Haus lag ein von einer hohen Mauer umgebener Garten, der einer mächtigen Zauberin gehörte. Eines Tages verspürte die Frau großes **Verlangen** nach dem frischem **Rapunzel** im Zaubergarten. Ihr Mann kletterte deshalb heimlich in der Nacht über die Mauer und pflückte die **begehrten** Pflänzchen. Der zubereitete Salat schmeckte so gut, dass sie mehr wollte.

Als ihr Mann abermals in der Nacht über die Mauer stieg, wurde er erwischt. „Wie kannst du es **wagen**, in meinen Garten zu steigen und mir meinen Rapunzel zu stehlen? Das soll dir schlecht bekommen!", sprach die Zauberin **erbost**. Doch weil er aus Liebe zu seiner Frau zum Dieb geworden war, ging die Zauberin mit ihm einen Handel ein: „Ich will dir **gestatten**, so viel Rapunzel mitzunehmen, wie du willst. Zum Tausche gehört aber euer erstes Kind mir."

Nachdem das Kindlein geboren war, holte sich die Zauberin dieses und nannte es Rapunzel. Als das Mädchen zwölf Jahre alt war, war es so schön, dass es die Zauberin in einen Turm tief im Wald einsperrte. Dieser Turm hatte weder Treppen noch Türen, aber ein kleines Fensterchen. Wollte die Zauberin hinein, rief sie: „Rapunzel, Rapunzel! Lass dein Haar herunter." Rapunzel ließ dann ihr langes goldglänzendes Haar aus dem Fenster hängen, sodass die Zauberin hinaufsteigen konnte.

Einige Jahre später ritt ein Prinz am Turm vorbei und **vernahm** Rapunzels Gesang. Da er keinen Eingang zum Turm fand, ritt er **unverrichteter Dinge** heim. Der Prinz konnte aber das schöne Mädchen nicht vergessen und kehrte immer wieder zum Turm zurück. Eines Tages belauschte er die Zauberin, wie sie die Zauberworte sprach. Nach ihrem Verschwinden aber **tat** es der Prinz der Zauberin **gleich**. Alsbald fielen die Haare herab und der Königssohn stieg zu Rapunzel in den Turm. Die beiden verliebten sich ineinander und beschlossen zu fliehen.

Doch weil Rapunzel unvorsichtigerweise der Zauberin von dem Prinzen erzählt hatte, schnitt ihr diese die Haare ab und brachte das Mädchen an einen einsamen Ort. Als der Königssohn zurückkam, war es die Zauberin, die Rapunzels abgeschnittenen Zopf hinabließ. Oben angekommen, sprang der Prinz vor Schreck beim Anblick der Zauberin aus dem Turm und landete in einem Dornenbusch. So verlor er sein **Augenlicht** und **irrte** lange Zeit hilflos umher. Nach vielen Jahren fand er das schöne Mädchen, das in großer Armut leben musste. Als Rapunzel ihren Liebsten sah, weinte sie so sehr vor Freude, dass ihre Tränen die Augen des Prinzen heilten. Er führte sie in sein Königreich, wo er mit Freude empfangen wurde. Sie lebten noch lange glücklich und zufrieden.

sehnen: sich etwas wünschen

Verlangen: Wunsch

Rapunzel: Feldsalat, auch Vogerlsalat genannt

begehren: wünschen, wollen

wagen: sich trauen

erbost: wütend, zornig

gestatten: erlauben

vernehmen: hören

unverrichteter Dinge: erfolglos

gleich tun: sich gleich verhalten

Augenlicht: Sehvermögen

irren: hier orientierungslos herumlaufen

6 **Märchendetektiv** – Untersuche nun als Märchen-Experte/Expertin das Märchen **„Rapunzel"** und unterstreiche im Text die hier angeführten Kennzeichen eines Märchens! Dann übertrage diese als Notiz in diese Tabelle!

REZEPT MÄRCHEN

KENNZEICHEN	ZEILE(N)	NOTIZEN
Einleitung		(3 Wörter)
Orte	~~2~~, 3, 19, 20, 36, 44	Haus,
Hauptfiguren	1, 18, 25	
Zauberwesen		Zauberin
Verkleinerungsformen	~~7~~, ,	Pflänzchen,
direkte Reden		„Wie kannst du es wagen, in meinen Garten zu steigen und mir meinen Rapunzel zu stehlen? Das soll dir schlecht bekommen!" „Ich will dir gestatten, so viel Rapunzel mitzunehmen, wie du willst. Zum Tausche gehört euer erstes Kind aber mir."
Schlusssatz		

7 Welche vier Kennzeichen finden sich nicht in dieser Tabelle? Schreibe diese hier auf!

8 **Talkshow** zum Thema: *Rapunzel – Ende gut, alles gut!*

ANLEITUNG: Stellt fünf Sessel (Ehepaar, Rapunzel, Zauberin, Prinz) im Halbkreis auf! Ebenso muss ein Moderator oder eine Moderatorin bestimmt werden. Das Publikum hört aufmerksam zu und meldet sich zu Wort.

Moderator/in: Rapunzel, Ihnen ist etwas Schreckliches widerfahren. Erzählen Sie uns bitte …

Moderator/in: Sehr verehrte Zauberin, hat sich die Geschichte tatsächlich …

Moderator/in: Gibt es Fragen aus dem Publikum?

Märchenwerkstatt

9 **Würfle einmal!** Schreibe gemeinsam mit einem Co-Autor oder einer Co-Autorin ein neues Märchen! Bei Orte und Personen würfelt zweimal, bei Zauberwesen und Aufgaben einmal!

ORTE

1. Schloss
2. Häuschen
3. Wald
4. Garten
5. Berg
6. Turm

PERSONEN

1. Prinzessin
2. Königssohn
3. Katze
4. Magd
5. Schneider
6. Tochter

ZAUBERWESEN

1. Hexe
2. Zauberer
3. Einhorn
4. Fee
5. Kobold
6. Zauberstein

AUFGABEN

1. jemanden befreien
2. jemanden besiegen
3. etwas zurückholen
4. jemanden retten
5. etwas in Sicherheit bringen
6. ein Rätsel lösen

10 **Märchen reloaded:** Hast du gewusst, dass Märchen auch in der heutigen Zeit spielen können? Lies dieses Märchen von **Rotkäppchen 2.0** und schreibe es dann in deinem Heft fertig!

Rotkäppchen 2.0

Es war einmal ein kleines Mädchen, das von seiner geliebten Großmutter ein rotes Käppi geschenkt bekam. Deshalb gab man ihr den Nicknamen Rotkäppchen. Eines Tages bat die Mutter es, der kranken Großmutter Donuts vorbeizubringen. Sie **ermahnte** das Kind, ihr Handy mitzunehmen und nicht vom Weg abzukommen.

Rotkäppchen schnappte sich ihren Scooter und machte sich auf den Weg zum Haus der Großmutter durch einen **düsteren** Wald. Dort begegnete ihr …

Lesen macht Spaß: Das Originalmärchen findest du auf S. 61 im Leseteil.

ermahnen: eindringlich erinnern

düster: dunkel

11 Stimmt über die originellsten Rotkäppchen-Geschichten ab und spielt sie der Klasse mit verteilten Rollen vor!

Zeitstufen

VERGANGENES (V)	GEGENWÄRTIGES (G)	ZUKÜNFTIGES (Z)
Märchen hat es immer gegeben …	… Märchen gibt es noch …	… und Märchen wird es immer geben!

was geschehen ist:	was jetzt geschieht:	was geschehen wird:

1 **Es war einmal** – Bringe diesen Text in die richtige Reihenfolge, indem du die Nummern 1 – 3 einsetzt! Dann ziehe jedes Textkästchen mit folgenden Farben nach!

= Vergangenes = Gegenwärtiges = Zukünftiges

☐ Heute verlangt der Frosch, an der Tafel zu speisen. Als die Prinzessin ihn an die Wand wirft, steht ein schöner Prinz vor ihr.	☐ Gestern verlor die Königstochter ihre goldene Kugel. Diese brachte ihr der Frosch wieder und stellte Bedingungen.	☐ Morgen wird sie mit ihm in sein Königreich reisen. Dort werden sie glücklich bis an ihr Ende leben.

2 Ordne nun diese Beispielsätze den Zeitstufen oben in der Übersicht richtig zu! Schreibe diese dazu auf die freien Zeilen unter die „Zeitfrösche“!

Vor langer Zeit lebte ein König.

Morgen wird sie den Prinzen heiraten.

Ich mag den Frosch nicht.

Gestern hat sie bitterlich geweint.

Der Frosch wird sich alsbald verwandeln.

Wütend wirft sie jetzt den Frosch an die Wand.

Nun geht's los – Aufgaben für schlaue Köpfe!

1 **Wer ist was?** – Ordne den Bildern die richtigen Märchentexte zu, indem du diese mit Linien verbindest! ★★ **Tipp:** Vorsicht beim Lesen, denn die Kurztexte sind in Reimen verfasst!

A

1 Der Jüngling sagte ihr, er sei
durch Hexenkraft und Zauberei
zum Leben als ein grüner Lurch
verdammt gewesen – einzig durch
den Freundschaftsdienst von ihr allein
könnt' er nun wieder menschlich sein.

B

2 Das Täubchen rief: „'s ist Blut im Schuh!
Er ist zu klein", verriet es laut.
„Zu Hause sitzt die rechte Braut!"

C

3 Schneewittchen angesichts
der Äpfel: „Nein, ich kaufe nichts,
die Zwerge haben es verboten!"
Da nahm das Weib den schönen roten
und sprach: „So lass dir einen schenken!"

D

4 Der Kater zog sie fröhlich an
und auf zwei Beinen, wie ein Mann
mit einem zugeschnürten Sack
mit etwas Korn drin huckepack
stolziert er nun überaus
Erfolg versprechend aus dem Haus.

E

5 Sie war wohl hundert Jahre alt
Und sprach: „So ganz allein im Wald,
ein kleines Mädchen und ein Bübchen?
So kommt zu mir hinein ins Stübchen!
Nur Mut, der Tisch ist schon gedeckt.
Ich weiß, was lieben Kindern schmeckt!"

F

6 Mit keinerlei Gewissensbissen
ward nun die Türe aufgerissen.
Doch wer stand vor den Kinderlein?
Nicht ihre Frau Mama, oh nein,
es war der Wolf! Mit großem Schrecken
versuchten sie sich zu verstecken.

Nun geht's los – Aufgaben für schlaue Köpfe!

2 **Bring die Guten ins Töpfchen!** Die Titel dieser Märchen aus Übung 1 sind durcheinandergekommen! Schreibe diese richtig gestellt in dein Heft! ★★★

Schneeputtel

Der gestiefelte Froschkönig

Hänsel und die sieben Geißlein

Aschenwittchen

Gretel und der Wolf

Der Kater

3 **Sieben auf einen Streich!** Kreuze an, um welche Zeitstufe es sich handelt! ★

	V	G	Z
Bäumchen, rüttel dich und schüttel dich, wirf heute Gold und Silber über mich!	O	O	O
Einen Tag später klopfte er an der Tür.	O	O	O
Noch bevor er abreiste, ließ sich der Kater Stiefel anfertigen.	O	O	O
Kurze Zeit später kam die alte Geiß nach Hause.	O	O	O
Hänsel und Gretel werden am Morgen den Weg nach Hause schon finden.	O	O	O
Spieglein, Spieglein an der Wand, wer ist jetzt die Schönste im ganzen Land?	O	O	O
In Bremen wird er morgen als Stadtmusikant Geld verdienen.	O	O	O

4 **Bekannte Märchen neu erzählt** – Lies zuerst das Märchen **„Der Froschkönig"** in deinem Leseteil auf S. 63! Dann wähle eines dieser Bilder aus und schreibe das Märchen um! ★★★★★

Blitzlicht

	☀	☁	⚡
Ich kann Texte aus Märchen den passenden Bildern zuordnen. (1)	○	○	○
Ich kann Märchentitel erkennen und zuordnen. (2)	○	○	○
Ich erkenne Zeitstufen. (3)	○	○	○
Ich kann ein bekanntes Märchen nach einer Bildvorlage neu schreiben. (4)	○	○	○

Schritt für Schritt zu einem gelungenen Märchen-Referat

1. Schritt

Lies zuerst das Märchen für dein Referat einmal genau durch!

Unterstreiche dabei alle Wörter, die du nicht verstehst! Dann finde eine Erklärung mit Hilfe des Wörterbuches oder des Internets! Du kannst auch im Unterricht bei deinem Lehrer/deiner Lehrerin nachfragen.

2. Schritt

Markiere nun mit einem Textmarker wichtige Wörter (Schlüsselbegriffe)!

→ Orte, Hauptfiguren, Zauberwesen, magische Sprüche, wichtige Ereignisse usw.

3. Schritt

Lege dann einen Stichwortzettel an! Achte dabei auf die Reihenfolge der Ereignisse!

Fällt es dir leicht, frei zu sprechen, dann notiere nur deine Schlüsselbegriffe! Fühlst du dich noch unsicher, dann schreibe auch einige Sätze auf!

ACHTUNG: Je mehr du frei sprechen kannst, desto besser ist dein Vortrag!

4. Schritt

Übe nun deinen Vortrag mit Hilfe deines Stichwortzettels alleine in einem Raum!

Sprich dabei laut und mache eine Aufnahme mit deinem Handy!
Zum Schluss spiele die Aufnahme ab und höre sie dir an!

Wenn du dich schon sehr sicher fühlst,
trage dein Referat jemandem vor!

Zitat der Woche:
Wer so spricht, dass er verstanden wird, spricht immer gut.
Jean Baptiste Molière

Langeweile ist der größte Feind eines Referats. **Um dies zu vermeiden, beachte folgende Regeln:**

10 Regeln für einen guten Vortrag

1. Tief einatmen, Luft etwa vier Sekunden lang anhalten und langsam ausatmen. Das beruhigt!

2. Stehe aufrecht und ruhig! Überlege vorher: Wohin mit meinen Händen? Stecke diese niemals in die Hosentaschen.

3. Suche den Blickkontakt mit deinen Zuhörer/innen und versuche, alle mit deinem Blicken zu erreichen! Fällt dir das schwer, dann suche dir einen Punkt in der Mitte über den Köpfen deiner Zuhörer/innen!

4. Verschaffe den Zuhörer/innen einen kurzen Überblick über das Thema und den Aufbau deines Referates!

5. Mache deine Zuhörer/innen neugierig auf das Thema! Wähle beispielsweise einen interessanten Einstieg, indem du diese direkt ansprichst!

6. Sprich frei und lebendig! Das gelingt dir nur, wenn du vorher einen Stichwortzettel vorbereitet hast. Setze auch **Mimik** und **Gestik** ein!

Mimik: Gesichtsausdruck

Gestik: Körpersprache

7. Verwende lebensnahe Beispiele, sodass die Zuhörer/innen sich angesprochen fühlen!

8. Der Ton macht die Musik – Setze deine Stimme bewusst ein! Denke dabei an lautes und leises Sprechen, so schaffst du Spannung!

9. Setze Pausen ein, diese heben die Wichtigkeit des Gesagten hervor. Deine Zuhörer/innen brauchen Zeit zum Nachdenken.

10. Nicht nur der Einstieg ist wichtig, auch ein guter Abgang sichert dir deinen Erfolg. Beachte: Der letzte Eindruck bleibt den Zuhörer/innen am längsten in Erinnerung.

Stimmungsbarometer

Halte nach deinem Kurzreferat fest, wie es dir ergangen ist! Kreise dazu jenes Smiley ein, welches zu deiner Stimmung passt!

Zeitformen

Das Verb gibt an, **wann** etwas geschieht. Du kannst an seiner Form ablesen, ob etwas in der **Vergangenheit** geschehen ist, in der **Gegenwart** geschieht oder in der **Zukunft** geschehen wird.

Natürliche Zeitstufen

VERGANGENES | **GEGENWÄRTIGES** | **ZUKÜNFTIGES**

Grammatikalische Zeitformen

Präteritum/
Mitvergangenheit

Perfekt/
Vergangenheit

Plusquamperfekt/
Vorvergangenheit

Präsens/
Gegenwart

Futur/
Zukunft

Das Präsens

VERWENDUNG

Wann verwende ich das Präsens?
1. Wenn sich etwas **gerade jetzt in diesem Moment** ereignet.
2. Wenn etwas zwar nicht jetzt geschieht, aber **immer im Allgemeinen gültig** ist.
3. Wenn etwas sehr **wahrscheinlich in der Zukunft** passiert.

1 Auch Selin liest gerne und die Grimm'schen Märchen gefielen ihr so gut, dass sie nun auch Märchen aus fremden Ländern kennen lernen will. Deshalb holt sie sich ein Buch aus der Bibliothek. **Stelle fest, wie das PRÄSENS in den Beispielsätzen verwendet wurde! Notiere dazu die Zahlen 1 bis 3 (siehe Merktext) neben jedem Satz!**

Selin liest gerade die Märchen aus Tausendundeiner Nacht. _____

Diese Geschichten erzählt Selin bestimmt einmal ihren Kindern. _____

Die Geschichten stammen aus dem Orient. _____

Unter dem Orient verstehen wir vorder- und mittelasiatische Länder. _____

Ihre Mutter kommt bei der Tür herein. _____

Selin liest das Buch morgen fertig. _____

2 Unterstreiche in dieser Geschichte alle Verben, die im PRÄSENS stehen!

Aladin besitzt eine Wunderlampe. Der Geist in dieser Lampe erfüllt ihm alle Wünsche. Aladin fand diese in einer Höhle tief unter der Erde. Er war drei Tage gefangen, bis der Geist der Lampe erschien und sprach: „Ich bin dein Diener. Was verlangst du von mir? Ich kann jeden deiner Wünsche in Erfüllung gehen lassen!“ Aladin wollte nur nach Hause. Der Lampengeist erscheint nun immer, wenn Aladin an der Lampe reibt. Kurz nach seiner Heimkehr hatte er aber großen Hunger. Daraufhin zauberte der Geist köstliche Speisen heran. Nun sind Aladin und seine Mutter reich, denn jeder ihrer Wünsche wurde erfüllt. Später wird ihm die Lampe helfen, seine vom Zauberer entführte Prinzessin wiederzufinden.

3 Welche drei Wünsche sollte dir der Geist der Wunderlampe erfüllen?

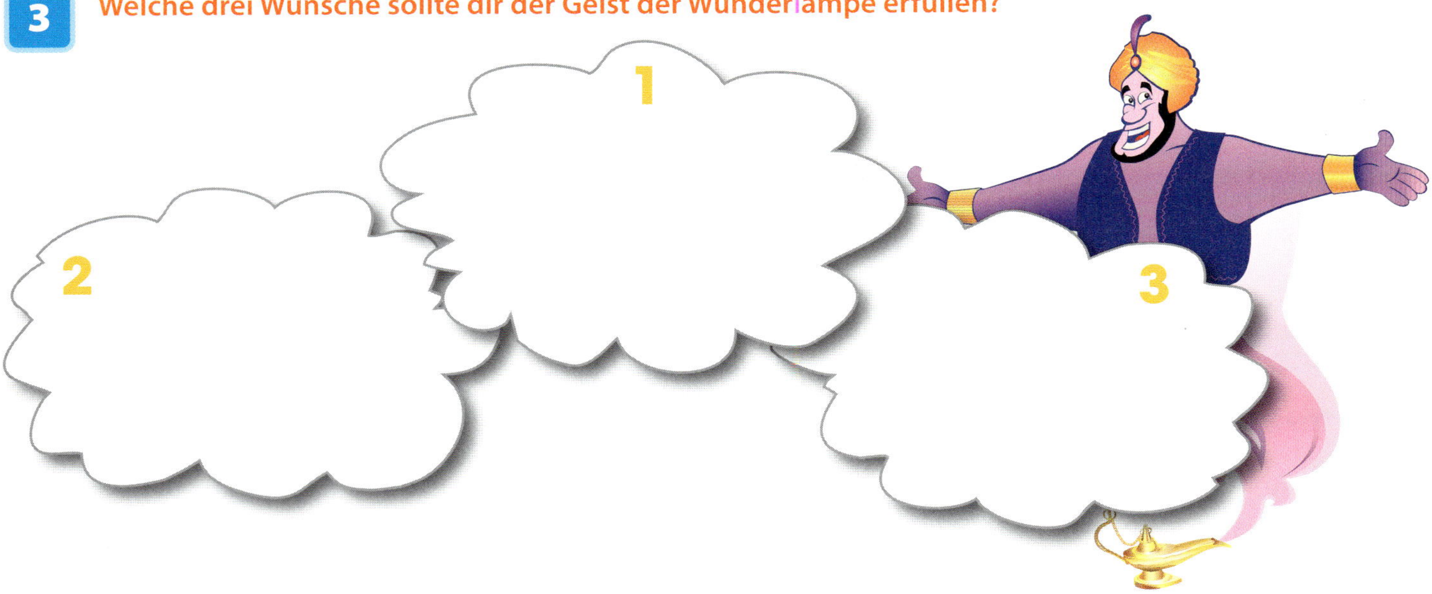

4 Schreibe in deinem Heft auf, warum diese Wünsche wichtig für dich sind!

5 Wandle diese Sätze in deinem Heft in das PRÄSENS um! **Tipp:** Unterstreiche zuerst alle Prädikate!

Aladin hieß der Tunichtgut. * Der Junge hat auf der Straße gespielt. * Er traf den Zauberer. * Dieser kaufte ihm Gewänder. * Der Onkel hatte ihn durch die Stadt geführt. * Er war müde. * Der magische Ring wird ihm helfen. * Er sollte nämlich eine Lampe finden. * In der Höhle hat es viele Schätze gegeben. * Aladin schlief zwei Nächte in der Höhle. * Aber der Diener des Rings wird ihn nach Hause bringen.

Das Perfekt

Selin erzählt ihrer Schwester Sophie etwas, das in der Vergangenheit geschehen ist. Dabei verwendet sie die Zeitform Perfekt. Auch Moritz denkt sich seinen Teil in der Zeitform Perfekt.

VERWENDUNG

Wann verwende ich das Perfekt?

1. Wenn ich etwas **mündlich** erzähle, das sich in der **Vergangenheit** ereignet hat.
2. Wenn ich etwas im **Präsens schreibe** und über etwas **Vergangenes** berichten möchte (Zeitenfolge).

6 Unterstreiche zuerst alle Verben in den beiden Sprechblasen und in der Gedankenblase! Dann schreibe die Verben im PERFEKT in die richtige Form!

habe gelesen

Tipp: Verben, die eine **Fortbewegung** ausdrücken, bilden das Perfekt häufig mit **sein**.

BILDUNG

Wie bilde ich das Perfekt?
Das Perfekt besteht immer aus **zwei Teilen**.

HILFSVERB	+	**PARTIZIP II**
haben oder sein		**Mittelwort der Vergangenheit**

Beispiele: Er **ist** schnell **gelaufen**. Er **hat** viel **gespielt**.

Partizip II (Mittelwort der Vergangenheit):
regelmäßige Verben: Vorsilbe **ge-** + Stamm + **-t** oder **-et** — **Beispiel:** **ge**spiel**t** **ge**rechn**et**

unregelmäßige Verben: Vorsilbe **ge-** + Perfektstamm + **-en** — **Beispiel:** bitten – bat – **ge**bet**en**

gemischte Verben: Vorsilbe **ge-** + Perfektstamm + **-t** — **Beispiel:** denken – dachte – **ge**dach**t**

PARTIZIP II

7 Bilde das **Partizip II** richtig!

leben: In einer Stadt haben zwei Brüder ____________________.

sammeln: Ali Baba hat im Wald Holz ____________________.

nennen: Er hat die magischen Worte ____________________.

reiten: Sein Bruder Casim ist sofort zur Höhle ____________________.

stehen: Er ist vor dem Tor ____________________.

Lesen macht Spaß:
Meine Geschichte findest du auf S. 69 im Leseteil.

8 **Haben oder sein?** Streiche das falsche Hilfsverb durch!

Das Tor hat ◎ ist aufgesprungen. Im Inneren der Höhle hat ◎ ist Casim die Schätze bewundert. Das Gold und die Reichtümer haben ◎ sind ihm die Sprache verschlagen. Vor Aufregung hat ◎ ist er von einer Ecke zur anderen geeilt. Verzückt hat ◎ ist er in den Edelsteinen gewühlt. Casim hat ◎ ist den goldenen Schmuck gestreichelt. Er hat ◎ ist sogar die Goldstücke auf den Boden klirren lassen. In seiner Gier hat ◎ ist er so viel wie möglich an sich gerafft. Beim Hinausgehen hat ◎ ist er die Zauberformel vergessen. Ali Babas Bruder hat ◎ ist herumgelaufen. Seine Frau hat ◎ ist zu Ali Baba gegangen. Sie hat ◎ ist ihn um Hilfe gebeten. Beide haben ◎ sind besorgt gewesen. Ali Baba hat ◎ ist mit seinem Esel zur Höhle geritten. Dort hat ◎ ist er „Sesam öffne dich!" gerufen. Das Tor hat ◎ ist aufgegangen.

9 Ergänze mit Hilfe der Schatztruhe die Lücken, indem du das **Partizip I** einsetzt!

Partizip I
(Mittelwort der Gegenwart):
Stamm + **-end**

Beispiel: spiel**end**

PARTIZIP I

Er fand seinen Bruder ________________ auf dem Boden vor.

Sein Tod war für ihn ____________________. Seinen Bruder auf dem Rücken ____________________, verließ er die Höhle. ________________ übergab er Casim dessen Frau. Die Räuber suchten ________________ vor Wut nach dem Eindringling. ____________________ stellten sie fest, dass es der Holzhändler Ali Baba war.

Nun geht's los – Aufgaben für schlaue Köpfe!

1 **Dreh am Rad der Zeit** – Ordne die Zeitformen den Zeitstufen richtig zu! ★★

Vorvergangenheit ✶ Futur ✶ Mitvergangenheit ✶ Perfekt ✶ Präsens

Vergangenes	Gegenwärtiges	Zukünftiges
____________	____________	____________
____________		
____________		

2 **Train your brain** – In welche Richtung dreht sich das letzte Zeitrad? ★★★★

☐ Richtung A

☐ Richtung B

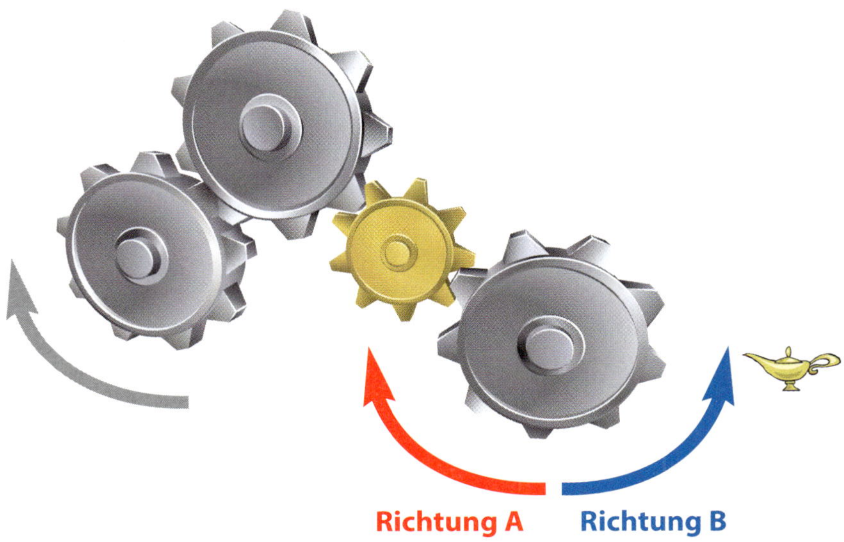

3 Kreuze die zwei richtigen Aussagen an! ★★

Ich verwende das Präsens, wenn …

☐ sich etwas Zukünftiges ereignet.

☐ etwas gerade geschieht.

☐ etwas allgemein gültig ist.

☐ ich eine Nacherzählung schreibe.

4 Aladins Wunderlampe hat viele Verben hervorgezaubert. Welche dieser Verben stehen im PRÄSENS? Male diese grün an! ★

treffe ✻ spielten ✻ hat gelacht ✻ hieß ✻ ist ✻ versprach ✻ kaufst ✻ sind gesprungen ✻ zeigt ✻ will ✻ wird bringen ✻ war gewesen

Nun geht's los – Aufgaben für schlaue Köpfe!

5 **Teste dein Wissen!** Beantworte dazu folgende Fragen zum PERFEKT! ★★★

Aus wie vielen Teilen besteht das Perfekt? ___________

Zu welcher besonderen Sorte der Verben gehören „haben" und „sein"? ________________

Wie heißt die lateinische Bezeichnung für „Mittelwort der Vergangenheit"? ________________

6 Bilde das Perfekt richtig! ★★★

suchen	ich__________________
lachen	du__________________
laufen	er__________________
haben	sie (Sg.)____________
brennen	es__________________
malen	wir__________________
sein	ihr__________________

7 **Partizip I oder Partizip II?** Entscheide richtig! ★★

Auf der Straße ☐ spielend ☐ gespielt, erlernt Aladin keinen anständigen Beruf.
Als Tunichtgut hat er sich nicht um seine Mutter ☐ kümmernd ☐ gekümmert.
Nachdem er vom Markt nach Hause ☐ kommend ☐ gekommen ist, kocht ihm seine ihn ☐ liebende ☐ geliebte Mutter köstlichen Hummus.
Den magischen Ring ☐ tragend ☐ getragen, steigt er in die Höhle hinab.
Aladin ergreift ☐ strahlend ☐ gestrahlt vor Glück die Wunderlampe.

Blitzlicht

Ich kann Zeitformen den Zeitstufen zuordnen. (1)	○	○	○
Logisches Denken fällt mir leicht. (2)	○	○	○
Ich weiß, wann ich das Präsens verwenden soll. (3)	○	○	○
Ich erkenne Verben, die im Präsens stehen. (4)	○	○	○
Ich kann Fragen zur Bildung des Perfekts beantworten. (5)	○	○	○
Ich kann das Perfekt bilden. (6)	○	○	○
Ich weiß, ob in einem Satz Partizip I oder II stehen soll. (7)	○	○	○

Das Präteritum

Selin hat schon einige Märchen von Hans Christian Andersen gelesen. In wikipedia stößt sie auf eines seiner bekanntesten Märchen.

Des Kaisers neue Kleider

Des Kaisers neue Kleider ist ein bekanntes Märchen des dänischen Schriftstellers Hans Christian Andersen. Es erschien am 7. April 1837 in einer Ausgabe der Reihe „Märchen, für Kinder erzählt".

Inhalt

Vor langer Zeit bestellt ein Kaiser bei zwei Betrügern für viel Geld neue Gewänder. Diese reden ihm ein, dass ihre Gewänder nur solche Personen sehen, die nicht dumm sind. Tatsächlich weben die Betrüger aber keine Kleider und überreichen dem Kaiser nur Luft. Aus **Eitelkeit** erwähnt der Kaiser nicht, dass er die Kleider selbst nicht sieht. Auch die Menschen, denen er seine neuen Gewänder **präsentiert**, täuschen Begeisterung vor. Der **Schwindel** fliegt erst bei einem Festumzug auf, als ein Kind sagt: „Der Kaiser trägt ja keine Kleider!" Schnell wie ein **Lauffeuer** macht diese Sensationsmeldung die Runde. Alle rufen: „Er hat ja wirklich keine Kleider an!" Der Kaiser erkennt, dass das Volk recht hat. Er aber hält durch und setzt nackt mit seinem Hofstaat den Festzug fort.

Eitelkeit: Eingebildetheit

präsentieren: vorzeigen

Schwindel: Täuschung, Betrug

Lauffeuer: hier → ein Gerücht verbreitet sich sehr rasch (in Windeseile)

1 **Unterstreiche im Abschnitt „Inhalt" alle VERBEN! Tipp:** Vergiss dabei nicht auf die trennbaren Verben!

2 **Nun entscheide, in welcher Zeitform der Inhalt des Märchen geschrieben wurde!**

☐ Präsens ☐ Perfekt

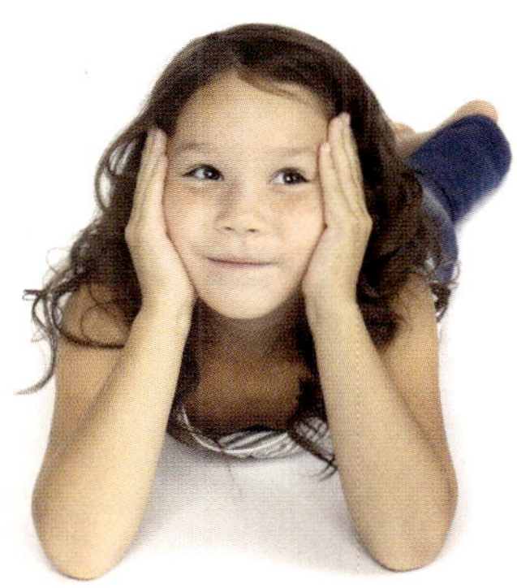

Selin will mehr wissen und sucht im Internet nach einer längeren Fassung des Märchens. Da fällt ihr auf, dass dieses in einer anderen Zeitform, nämlich im Präteritum geschrieben ist.

VERWENDUNG

Wann verwende ich das Präteritum?

Wenn ich **schriftlich** über etwas erzähle, das bereits **vergangen** ist.

Vergleiche deine unterstrichenen Verben mit dieser verschlüsselten Lösung!

3 **Übertrage den Inhalt des Märchens aus Wikipedia in deinem Heft in die Zeitform PRÄTERITUM! Unterstreiche dabei auch alle Verben im PRÄTERITUM! Tipps:** Achte auf die trennbaren Verben! Vergiss auch nicht, dass direkte Reden nicht umgewandelt werden!

Vor langer Zeit bestellte ein Kaiser bei zwei Betrügern ...

redete ein * sahen * waren * webten *
überreichten * erwähnte * sah *
präsentierte * täuschten vor * flog auf *
sagte * machte * riefen * erkannte *
hatte * hielt durch * setzte fort

Wie wird das Präteritum gebildet?

1. **Regelmäßige Verben** bilden das Präteritum mit der Endung **-te**.
Beispiel: lachen – lach**te** – gelacht

2. **Unregelmäßige Verben** bilden das Präteritum, indem sie den Wortstamm ändern. Einige hängen zusätzlich die Endung -te an. Diese musst du wie die irregular verbs im Englischen lernen.
Beispiele: spr**e**chen – spr**a**ch – gespr**o**chen
n**e**hmen – n**a**hm – gen**o**mmen

1. Stammform:
INFINITIV
lachen

2. Stammform:
PRÄTERITUM
lachte

3. Stammform:
PARTIZIP II
gelacht

4 **Ergänze Fehlendes in der Tabelle! Kreuze auch an, ob es sich um ein regelmäßiges oder unregelmäßiges Verb handelt!** **ACHTUNG:** Erinnere dich an den Unterschied zwischen regelmäßigen und unregelmäßigen Verben (S. 28 und 29)!

Tipp: Lerne jede Woche 20 unregelmäßige Verben nicht nur auswendig, sondern schreibe sie auch auf (Anhang S. 171 und 172)!
So wirst du Grammatik-König wie ich.

1. P. Sg.	2. P. Sg.		Präteritum/ 2. Stammform
ich gebe	du gibst	☐ regelmäßig ☐ unregelmäßig	gab
ich esse	____________	☐ regelmäßig ☐ unregelmäßig	____________
____________	du öffnest	☐ regelmäßig ☐ unregelmäßig	____________
ich höre	____________	☐ regelmäßig ☐ unregelmäßig	____________
ich rede	____________	☐ regelmäßig ☐ unregelmäßig	____________
____________	du liest	☐ regelmäßig ☐ unregelmäßig	____________
____________	du fürchtest	☐ regelmäßig ☐ unregelmäßig	____________
ich male	____________	☐ regelmäßig ☐ unregelmäßig	____________
____________	du fährst	☐ regelmäßig ☐ unregelmäßig	____________
ich breche	____________	☐ regelmäßig ☐ unregelmäßig	____________

ACHTUNG: Manche Verben sehen zwar regelmäßig aus, bilden aber dennoch ihre Stammformen unregelmäßig. **Beispiele:** kommen, rennen, stehen …

5 **Denksport** – Kreise alle regelmäßigen Verben ein!

bestellen sein fliegen täuschen reden sehen
setzen machen rufen tragen erwähnen halten suchen

6 **Übung macht den Meister** – Zeichne zuerst eine Tabelle in deinem Heft! Dann setze die Stammformen richtig ein und ergänze die fehlenden!

1. INFINITIV	2. PRÄTERITUM	3. PARTIZIP II

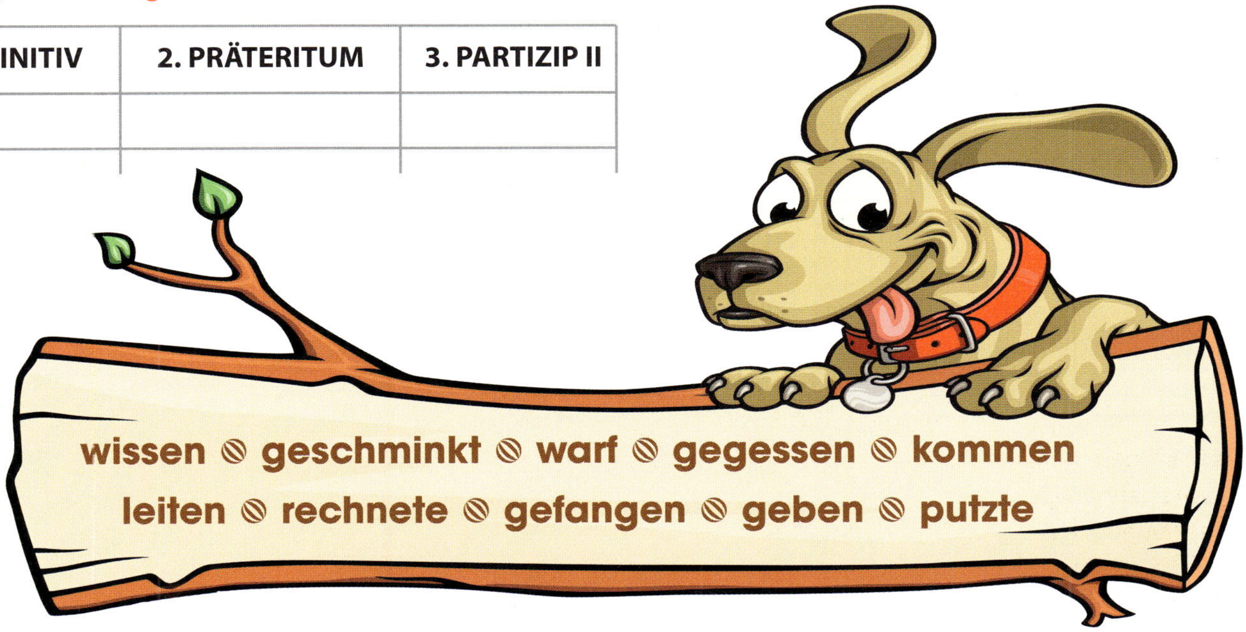

7 Nenne deinem Sitznachbarn/deiner Sitznachbarin insgesamt zehn unregelmäßige Verben aus dem Anhang (S. 173–174)! Nun geht es darum, die fehlenden Stammformen aufzusagen. Dann wechselt die Rollen!

8 **Fehlstunden – Welche Zeitformen fehlen?** Kreuze zuerst an, in welcher Zeit jeder Satz steht! Dann forme jeden Satz in deinem Heft in die anderen Zeitformen um!

In einem fernen Land hat ein eitler Kaiser gelebt. ☐ Präsens ☐ Präteritum ☐ Perfekt

Dieser liebte schöne Kleider. ☐ Präsens ☐ Präteritum ☐ Perfekt

Er gibt sein ganzes Geld dafür aus. ☐ Präsens ☐ Präteritum ☐ Perfekt

Der Kaiser führt schon wieder seine Garderobe aus. ☐ Präsens ☐ Präteritum ☐ Perfekt

9 **Zeitendrehscheibe** – Male in der gleichen Farbe aus, was zusammengehört!

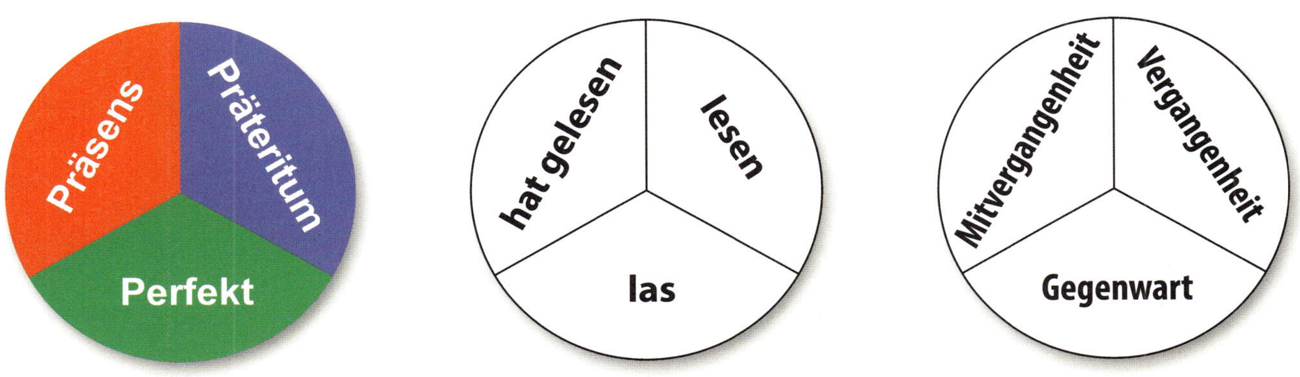

Komm, red' mit mir! – ein Märchenwürfelspiel

- Bildet zuerst Gruppen mit vier bis fünf Mitspielern und Mitspielerinnen!
- Jede Gruppe erhält ein leeres A3-Papier. In der linken, unteren Ecke wird ein Kreis als Startfeld aufgezeichnet.
- Dann wählt jeder eine Spielfigur und einen Farbfilzstift aus.

MATERIAL pro Gruppe:

A3-Papier
5 Farbfilzstifte
5 Spielfiguren
Würfel

RUNDE 1: Der Jüngste beginnt zu würfeln und zeichnet entsprechend der gewürfelten Augenzahl Kreise auf. Diese werden mit Strichen verbunden. Beim letzten gezeichneten Kreis notiert er eine **FRAGE** zu einem Märchen:

F1: *Wie viele Stiefschwestern hat Aschenputtel?*

Achtet allerdings darauf, dass neben den Kreisen genügend Platz zum Schreiben bleibt!

Setzt dies der Reihe nach so lange fort, bis ihr einen eigenen Spielplan erstellt habt. Zum Schluss muss noch die Zielposition mit einem Kreis eingezeichnet werden.

RUNDE 2: Jeder Spieler rückt nach der gewürfelten Augenzahl vor. Gelangt er auf eine notierte Frage, muss diese beantwortet werden. Ist die Antwort richtig, dann darf ein weiteres Mal gewürfelt werden. Kommt er aber auf ein leeres Spielfeld, muss er sich eine neue Frage ausdenken. Runde 2 ist erst dann abgeschlossen, wenn bei jedem Spielfeld eine Frage steht.

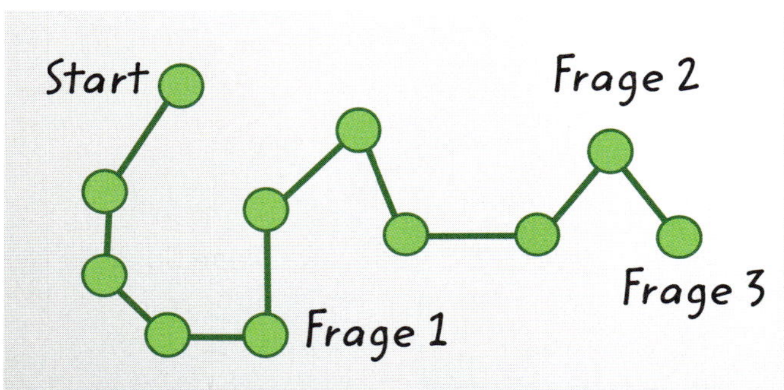

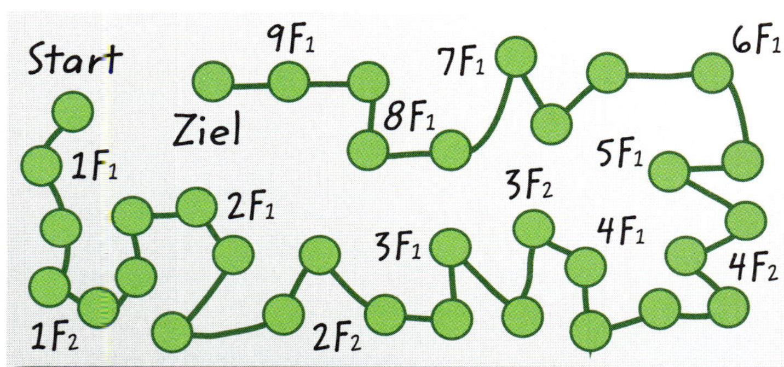

RUNDE 3: Auf jedem Feld, auf das du kommst, hast du eine Frage zu beantworten. Kannst du die Frage nicht beantworten, bleibst du stehen. Wer schafft es als Erster durch das Ziel?

1 **Märchenschach** – Male jene Märchentitel mit gleicher Farbe an, die zusammengehören!

ASCHEN	HOLLE	LINCHEN	DORN
STERN	KÄPPCHEN	KÖNIGIN	FRAU
TALER	SCHNEE	PUTTEL	KÖNIG
FROSCH	RÖSCHEN	ROT	DÄUME

Die S-Schreibung

Zuzi werde ich genannt
und bin im ganzen Land bekannt.
Denn ich kann daz „z" nicht zagen,
ez izt wirklich zum Verzagen,
darum muzz ich dir mein Leid klagen.
Vorzichtig und leize
begebe ich mich auf eine Reize.
Lautloz ztreife ich durch Wälder und Wiezen,
immer auf der Hut vor den Menzchenriezen.
In einem Erdloch entdecke ich plötzlich eine Mauz.
„Dieze zchnapp ich mir. Ende und auz!"
Doch die Mauz recht weize,
zieht um mich zchnelle Kreize.
Alz ich zu zizchen begann – und daz izt wirklich nicht fair,
die Mauz vor Lachen fazt umgefallen wär`.
Du merkzt ez zicherlich,
Deine Hilfe brauche ich!

1 **Sprachfehler beheben** – Hilf Zuzi bei der richtigen Auzzprache! **Lies dazu deinem Sitznachbarn/deiner Sitznachbarin dieses Gedicht richtig vor, indem du die „z" durch „s" ersetzt! Dann wechselt die Rollen!**

ss

ss (Doppel-s) schreibt man oft **nach** einem **kurz gesprochenen Vokal**.

Beispiele: r**i**ss, G**a**sse **Ausnahmen:** Nachsilbe **-nis**, **Bus** usw.

Tipp: Wenn du dir bei den Übungen 2 und 3 unsicher bist, arbeite mit dem Wörterbuch!

2 **Suche selbst nach drei Beispielen für diese Regel!**

nach kurzem Vokal: ______________________

____

Wähle aus Übung 3 fünf Wörter aus und verfasse doch ein eigens Märchen!

3 **s oder ss?** **Kreuze die richtig geschriebenen Wörter an! Falsch Geschriebenes verbessere in deinem Heft!**

☐ Dose	☐ lesen	☐ esen	☐ speisen	☐ past
☐ Geheimniss	☐ Rose	☐ leise	☐ Glass	☐ Mäuse
☐ drausen	☐ läst	☐ meist	☐ Schluss	☐ Prinzesin

ß (scharfes s) steht oft **nach** einem **lang gesprochenen** Vokal oder einem **Zwielaut**.

Beispiele: groß beißt

ß

4 Suche selbst nach vier Beispielen für jede Regel!

nach langem Vokal: ____________________

nach Zwielaut: ____________________

5 **HB 20: Kurz oder lang gesprochen?** Höre aufmerksam zu und setze „ss" oder „ß" richtig ein!

Richtiges Hören ist Grundvoraussetzung für richtiges Schreiben! Deshalb höre die Wörter ein zweites Mal und überprüfe deine Lösung!

wi____en * blo____ * mü____en * gro____ * Flu____ * rei____en *

Spa____ * Fu____ * Längenma____ * Ri____ * fa____t * fa____t *

la____en * Ga____e * Stra____e * bla____ * Pa____ * Gru____ *

Me____er * Ku____

s kann überall stehen. Es kann **stimmhaft** oder **stimmlos** ausgesprochen werden.

stimmhaftes s: weich gesprochen → Esel, Speise, singen
stimmloses s: hart gesprochen → Zeugnis, bis, tasten

s

6 **Stimmhaft oder stimmlos – Lass deinen Kehlkopf sprechen!**
Folge einfach den Anweisungen und lass' dich überraschen!

Lege deinen Zeige- und Mittelfinger neben deinen Kehlkopf!

Sprich für das **Bienen-s** das Wort „Rose", für das **Schlangen-s** das Wort „niesen"! Was fällt dir auf?

LÖSUNG: Du wirst feststellen, dass beim Bienen-s deine Stimmbänder mitschwingen, während beim Schlangen-s keine Vibration zu spüren ist.

7 Ziehe den Rahmen aller stimmhaft gesprochenen Wörter **blau** nach!

Riese	Hase	lassen	Gräser	sonnig
Nase	gießen	lesen	Gras	das

Nun geht's los – Aufgaben für schlaue Köpfe!

1 **Zeitdetektiv** – Entschlüssle diese wichtige Nachricht und schreibe sie auf! ★★

Das MUTIRETÄRP wird auch Mitvergangenheit genannt.

Man verwendet es beim NEHCILTFIRHCS Erzählen.

Diese MROFTIEZ drückt etwas SENEGNAGREV aus.

2 **So viele Lücken bei den Stammformen** – Ergänze zuerst die fehlenden Formen! Dann vergleiche deine Lösung mit der Wortliste im Anhang auf S. 171 – 172! ★★★★

INFINITIV	PRÄTERITUM	PARTIZIP II
reißen		
		gelesen
	goss	
essen		
	biss	
messen		
		gelassen
müssen		
	blieb	
		genossen
heißen		
schließen		

Nun geht's los – Aufgaben für schlaue Köpfe!

3 **Entscheide dich – Präsens, Perfekt oder Präteritum?** Notiere bei jedem Satz, in welcher Zeitform dieser steht! ★

Es lebte einmal auf einem Bauernhof eine Ente. ______________________

„Wie groß ist doch die Welt!" ______________________

Das siebente Ei war größer als alle anderen. ______________________

Das letzte Ei ist noch immer im Nest gelegen. ______________________

Doch plötzlich ist es so weit. ______________________

Die Schale brach entzwei. ______________________

Ein Küken hat aufgeregt gepiepst. ______________________

Das kleine Entlein war sehr hässlich. ______________________

Die Tiere des Bauernhofes spotten es aus. ______________________

Das hässliche Entlein ist sehr traurig gewesen. ______________________

Mehr über das hässliche Entlein erfährst du im Leseteil auf S. 70.

4 **Entscheide – regelmäßig oder unregelmäßig?** Trage die Verben in die entsprechenden Formen ein! ★★

▭ = regelmäßiges Verb

▭ (gewellt) = unregelmäßiges Verb

riechen ✶ reiten ✶ spielen ✶ finden ✶ schlüpfen ✶ küssen ✶ kommen ✶ retten ✶ heiraten ✶ lesen ✶ schneiden ✶ lachen

5 **Auf ins Märchenland** – Was könnten diese Märchenfiguren gemeinsam für Abenteuer erleben? Suche dir zuerst einen Co-Autor oder eine Co-Autorin und wählt dann gemeinsam zwei Figuren für euer Märchen aus! ★★★ **Tipp:** Die Märchen-Checkliste hilft euch beim Schreiben!

Nun geht's los – Aufgaben für schlaue Köpfe!

6 **Biene oder Schlange? Was ertastest du?** Trage folgende Wörter richtig in die Tabelle ein! ★★★★★

stimmhaftes s	stimmloses s

Rose
See
wissen
speisen
Riss
Besen
Musik
fleißig
stoßen
reisen
gesund
verbessern
riesig
müssen

7 **Wortbedeutung – Was ein s, ss oder ß alles ausmacht!** Versuche, die richtige Schreibweise über den Inhalt des Satzes herauszufinden! Ziehe dazu das richtige Kästchen mit Grün nach! ★★★

Das kleine, graue Entlein **isst** **ist** hässlich. „**Lasst** **Last** doch das Entlein in Ruhe!" Aladin **reist** **reißt** um die Welt. Von **Rossen** **Rosen** war das Schloss umrankt. Der Schneider nahm die **Masse** **Maße** des Königs.

Küsste **Küste** der Frosch die Prinzessin?

8 **Für Experten/Expertinnen:** Bilde nun mit den nicht grün nachgezogenen Wörtern aus Übung 7 Sätze in deinem Heft, die sich auf die Märchenwelt beziehen! ★★★★★

9 **Doppel-s gesucht!** Fülle das Gitterrätsel, so erhältst du ein Lösungswort! ★★★

Gesamtheit aller Zähne

Metallgefäß zum Kochen

Die Donau ist ein …

nicht Gabel, sondern …

Tiere fressen, Menschen …

der Ritter auf seinem …

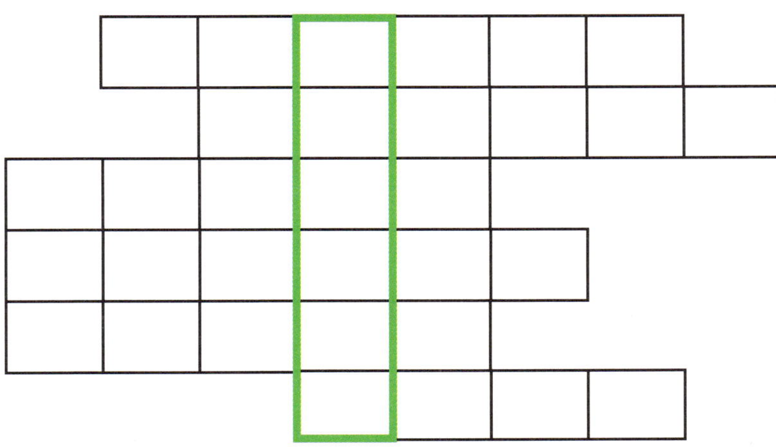

Nun geht's los – Aufgaben für schlaue Köpfe!

10 **Märchenschreibwerkstatt** – Entscheide dich für eine Möglichkeit! **Tipp:** Die Märchen-Checkliste hilft dir beim Schreiben. ★★★★

A. Erzählkern ausbauen – Finde eine Einleitung und einen Schluss! Baue auch noch den Erzählkern/Hauptteil aus!

Im Tausch gegen seine Kuh reichte das alte Männlein dem armen Hans eine Handvoll seltsam aussehende Bohnen. Es sprach: „Du wirst staunen, was das für Zauberbohnen sind. Wenn du sie am Abend einpflanzt, so sind sie am Morgen bis zum Himmel hinauf gewachsen."

B. Reihumschreiben – So wird's gemacht:

- ☺ Suche dir noch drei andere Autor/innen und setzt euch um einen Tisch im Kreis!
- ☺ Wählt zuerst eine Überschrift aus, dann schreibt der Größte von euch den ersten Satz eures Märchens auf ein Blatt Papier!

Der goldene Schlüssel
Die Alte im Wald
Der sprechende Stiefel
Der verwunschene Esel
Prinz Don Rosi

- ☺ Das Blatt wird an den Nächsten zum Schreiben weitergegeben.
- ☺ Zum Schluss malt noch ein Bild zu eurem Märchen!

Blitzlicht

Ich kann einen verschlüsselten Merktext aufschreiben. (1)	○	○	○
Ich kann die drei Stammformen bilden. (2)	○	○	○
Ich erkenne, ob ein Satz im Präsens, Perfekt oder im Präteritum steht. (3)	○	○	○
Ich erkenne regelmäßige und unregelmäßige Verben. (4)	○	○	○
Ich kann zu zweit ein Märchen nach einer Bildvorgabe schreiben. (5)	○	○	○
Ich kann zwischen einem stimmhaften und einem stimmlosen s unterscheiden. (6)	○	○	○
Ich wende die richtige S-Schreibung an, weil ich auf den Inhalt eines Satzes achte. (7)	○	○	○
Ich kann Sätze bilden, die sich auf ein Märchen beziehen. (8)	○	○	○
Ich kann anhand von Angaben die passenden Wörter finden und in ein Gitterrätsel eintragen. (9)	○	○	○
Ich beherrsche unterschiedliche Formen des Märchenschreibens. (10)	○	○	○

Sommerferien, zum Greifen nah – Wohin soll es gehen?

1 Kreise die Buchstaben jener Antwortvorgabe ein, die am besten auf dich zutreffen!

Welcher Urlaubstyp bin ich?

Wie reist du am liebsten?

A mit dem Fahrrad, so bin ich flexibel
B mit der Bahn, so bin ich umweltfreundlich
C mit dem Flugzeug, so bin ich schnell am Ziel

Wohin würdest du dich beamen wollen?

C in ein Club-Hotel
A auf den Gipfel des höchsten Berges
B an einen weißen, menschenleeren Sandstrand

Wie stellst du dir eine unvergessliche Reise vor?

C eine Städtereise zu einer Shoppingtour
B eine Karibikinsel zum Träumen und Relaxen
A ein Surferlebnis auf Hawaii

Wähle einen Gegenstand aus, den du auf eine einsame Insel mitnehmen würdest!

B ein spannendes Buch
A einen Fußball
C ein Handy

Was trinkst du am liebsten?

A Wasser
B Tee
C Cola

Wähle deine Lieblingsbekleidung!

C Jeans und T-Shirt
A Badebekleidung
B kurze Hose und Polo-Shirt

Wenn ich dieses Bild sehe, denke ich:

C Hier ist ja gar nichts los!
B Entspannung pur!
A Kann man hier auch surfen?

Die Auflösung zu dieser Testung findest du auf der nächsten Seite.

AUFLÖSUNG: Welcher Urlaubstyp bin ich?

überwiegend A
Du suchst im Urlaub immer Möglichkeiten, dich sportlich zu betätigen. Bergsteigen, Segeln, Mountainbiken, daraus tankst du neue Energie. Du achtest auf deine Gesundheit und treibst Sport, um dich zu entspannen.

überwiegend B
Du holst im Urlaub nach, was du im Alltag verpasst. Laut, lustig, lebendig, überall, wo etwas los ist, hast du Spaß. Ideale Reiseziele sind Partyinseln wie Ibiza oder Städtereisen in Partymetropolen wie New York.

überwiegend C
Zweifellos freust du dich auf deinen Urlaub. Du erholst dich am besten, wenn du deine Ruhe hast. Vermeide deswegen laute Club-Urlaube. Dein Reiseziel muss gar nicht exotisch sein, es reicht auch ein erholsamer Urlaub in Österreich.

Mischtyp
Du bist der ideale Reisebegleiter, da du für alles offen bist. So fühlst du dich an einsamen Stränden genauso wohl, wie in Club-Hotels und beim Bergsteigen in den Alpen.

2 Ordne nun die Buchstaben der verschiedenen Urlaubstypen diesen Schnappschüssen und den Erzählungen zu!

Mein Urlaubziel ist dieses Jahr Mallorca. In einem Ferienclub werde ich 14 Tage viel Spaß im Kids-Club haben.

Diesen Sommer werde ich zuerst sieben Tage in Kärnten mit meinem Verein in einem Sportcamp verbringen. Dann werde ich mit meinen Eltern noch zum Schnorcheln nach Kroatien fahren.

A: Sporttiger
B: Fun- und Actionurlauber
C: Genussurlauber
D: Mischtyp

Wo geht dein Urlaub dieses Jahr hin? Wohin fahren deine Mitschüler/innen in den Urlaub? Notiert all eure Urlaubsziele an der Tafel!

In diesem Sommer habe ich viel vor. Den Juli werde ich bei meiner Großmutter in der Steiermark verbringen. Im August ist eine Städtereise nach Istanbul geplant, danach geht es zum Campen am Plattensee.

Heuer werde ich es mir in den Ferien richtig gut gehen lassen.
Chillen, chillen, chillen!

3 **Eine Wandzeitung gestalten** – Bildet Gruppen mit jeweils vier bis fünf Gruppenmitgliedern und folgt dieser Anleitung!

ANLEITUNG: Jede Gruppe einigt sich auf ein Reiseziel, zu dem Informationen und Bilder gesammelt werden (Internet, Reisebüro usw.). Dazu gestaltet ihr Plakate, die ihr zum Schluss den anderen in der Klasse vorstellt.
ACHTUNG: Richtet euch nach dieser Vorlage und den Post-it!

NAME DES LANDES

Hauptstadt:

Fläche:

Einwohner:

Landessprache:

Währung:

Nationalgerichte:

Sehenswürdigkeiten / beliebte Tourismusziele:

Informationen findet ihr unter http://www.weltalmanach.de

Tipps

☺ Achtet darauf, dass auf dem Plakat der Platz ausgenützt wird! Es soll keine großen Leerflächen geben.

☺ Texte, die mit der Hand geschrieben werden, müssen groß und leserlich sein (Block- und Druckbuchstaben verwenden).

☺ Alle Bilder müssen beschriftet sein!

Unsere Präsentation

☺ Zuerst verschaffen wir uns einen Überblick über die Menge der Informationen!

☺ Dann teilen wir die zu präsentierenden Informationen gerecht zwischen den Gruppenmitgliedern auf!

☺ JEDER übernimmt einen Teil der Präsentation.

☺ Diejenigen, die nicht sprechen, unterstützen die Redner, indem sie z. B. Prospekte herzeigen oder auf Bilder des Plakats zeigen.

☺ Ein Stichwortzettel darf verwendet werden.

4 **Wo geht die Reise hin? – SPIELE für die ganze Klasse**

A. Reisedetektiv: Jeder überlegt sich ein Land als Reiseziel, das er auf einen Zettel schreibt. Die anderen müssen durch Fragen erraten, wohin die Reise geht. **WICHTIG:** Die Fragen dürfen nur mit JA oder NEIN beantwortet werden.

B. Ich packe meinen Koffer: Zuerst bildet ihr einen Sesselkreis, gespielt wird im Uhrzeigersinn.
Derjenige mit dem ersten Nachnamen im Alphabet beginnt mit dem Satz: „Ich packe meine Koffer und nehme … mit." Der Nächste wiederholt den Satz und gibt noch einen Gegenstand dazu („und"). So wird eine Wortkette gebildet, die dein Gedächtnis fordert.
Vergisst du einen Gegenstand oder bringst die Reihenfolge durcheinander, scheidest du aus und das Spiel beginnt von neuem!

Die Zeitform Futur

Wann verwende ich das Futur?
1. Wenn ich etwas erzähle, das erst **in der Zukunft passieren** wird.
2. Wenn ich mir **vornehme**, **etwas Bestimmtes** zu tun.
3. Wenn ich **freundlich**, aber auch **drohend** jemanden **auffordere**.
4. Wenn ich eine **Vermutung** oder eine **Hoffnung** ausdrücken möchte.

VERWENDUNG

1 Stelle fest, wie das FUTUR in den Beispielsätzen verwendet wurde! Kreise dazu die passende Zahl aus dem Merktext neben jedem Satz ein!

In den Sommerferien werde ich in die Türkei fliegen.	1	2	3	4
Sie werden mir doch bestimmt die Tickets nach Hause schicken!	1	2	3	4
Diese Reise werdet ihr noch bitter bereuen!	1	2	3	4
Morgen werde ich bestimmt die Reise buchen.	1	2	3	4
Du wirst auf keinen Fall alleine mit dem Zug nach Graz reisen!	1	2	3	4
Gemeinsam werden wir das Reisebüro besuchen.	1	2	3	4
Das wird sicher eine aufregende Reise werden.	1	2	3	4
Ich hoffe, dass ich nichts beim Einpacken vergessen werde.	1	2	3	4
Julian wird sich das mit der Reise noch überlegen.	1	2	3	4

Wie bilde ich das Futur?
Das Futur besteht immer aus **zwei Teilen**.
HILFSVERB + INFINITIV
werden

Beispiele: Er **wird** morgen **verreisen**.

BILDUNG

2 Unterstreiche in diesem Text alle Verben, die im FUTUR stehen!

Gerade sitze ich am Strand und schreibe an meinem Reisetagebuch. Im vorigen Urlaub habe ich es nämlich nicht geschafft. Aber heute werde ich mir die Zeit nehmen. Ich freue mich schon auf morgen, denn dann werden meine Tochter Imani und ich mit unserem Segelboot die nächste Insel erreichen. Dort werden wir unsere Wasservorräte wieder auffüllen.

3 Bilde das FUTUR!

ich gehe weg: ____________________

er hat gepackt: ____________________

ihr hattet: ____________________

du last: ____________________

wir sind: ____________________

sie baden: ____________________

Das oder dass? Das ist hier die Frage!

Lisa hat auf ihre Mailadresse einen Link zugesandt bekommen. So wird sie zwar freundlich, aber dennoch deutlich von ihrem Onkel darauf hingewiesen, dass es langsam für sie Zeit wird, die Wörter „das" und „dass" richtig zu verwenden.

Folgende REGELN findet sie zur „das-dass-Schreibung":

Durchsuche das World Wide Web nach Informationen zur das-dass-Schreibung! Wie viele Einträge kannst du finden? Du wirst staunen.

DAS

Das …

… wird verwendet, wenn du folgende **Ersatzwörter** verwenden kannst:

dieses – es – welches – dies – jenes

Das Huhn, das Eier legt, heißt Ida.

Das Huhn, **welches** Eier legt, heißt Ida.

WICHTIG: Dabei darf der Sinn des Satzes nicht verloren gehen.

DASS

Dass …

… wird verwendet, wenn du keines der Ersatzwörter einsetzen kannst.

Ich weiß, **dass** du recht hast.

1 Streiche zuerst alle Sätze durch, die wegen des Ersatzwortes keinen Sinn ergeben! Dann kreuze die richtige Schreibweise des Satzes darüber an!

☐ **Das** ☐ **Dass du es kannst, weiß ich.**
Dass du es kannst, weiß ich.
Welches du es kannst, weiß ich.
Dieses du es kannst, weiß ich.

Das Geld, ☐ **das** ☐ **dass ich brauche, fehlt mir.**
Das Geld, es ich brauche, fehlt mir.
Das Geld, welches ich brauche, fehlt mir.
Das Geld, dass ich brauche, fehlt mir.

☐ **Das** ☐ **Dass ist der Dieb, der immer lacht.**
Dies ist der Dieb, der immer lacht.
Dass ist der Dieb, der immer lacht.
Jenes ist der Dieb, der immer lacht.

Ich glaube ☐ **das** ☐ **dass einfach nicht.**
Ich glaube es einfach nicht.
Ich glaube dass einfach nicht.
Ich glaube welches einfach nicht.

2 Ersetze in den folgenden Sätzen alle **„das"** durch die passenden Ersatzwörter! Übertrage dazu die Sätze in dein Heft!

Glaubst du tatsächlich, dass das in Ordnung ist?
Das Wetter, das sehr wechselhaft ist, stört mich nicht.
Ich weiß, dass ich nichts weiß, das sagte schon ein kluger Grieche.
Ob du das Buch oder das Buch nimmst, das ist mir egal.
Dass das Leben nicht immer einfach ist, das wissen wir.
Ich nehme an, dass ihr das Rätsel, das ich euch aufgebe, lösen könnt.

Welcher kluge Grieche hat diesen Ausspruch getätigt? Suche die Antwort im Internet!

3 **Das oder dass?** Lies dieses Mail und streiche das Falsche durch!

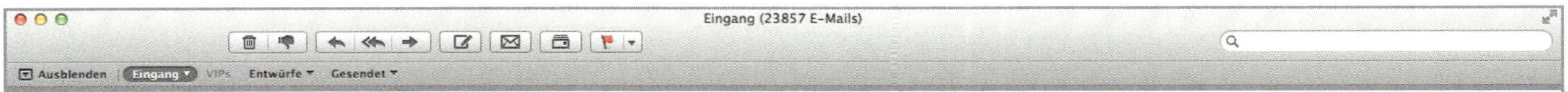

Liebe Mama, lieber Papa!

Das / Dass ich im Ferienlager gut angekommen bin, das / dass wisst ihr schon. Was das / dass Schreiben von Mails angeht, wird euch aufgefallen sein, das / dass ich sehr nachlässig war. Es tut mir leid, das / dass ich nicht schon früher geschrieben habe. Ich will euch das / dass Neueste berichten. Das / Dass ich weiterschreiben kann, das / dass setzt voraus, das / dass ihr euch bitte hinsetzt. Habt ihr das / dass gemacht? OK. Also, das / dass es mir inzwischen wieder einigermaßen gut geht, das / dass wird euch sicherlich freuen. Das / Dass Bein, das / dass ich mir gebrochen habe, als ich über das / dass Lagerfeuer sprang, das / dass wurde im Krankenhaus eingegipst. Das / Dass Feuer, das / dass das / dass ganze Camp abbrennen ließ, das / dass konnte schon nach wenigen Stunden erfolgreich gelöscht werden. Das / Dass ich dann am nächsten Tag nicht noch erblindete, als ich über meine Krücken mit dem Kopf voran in einen Busch stürzte, das / dass grenzt fast an ein Wunder.

Das / Dass das / dass Leben trotzdem weitergeht, sieht man daran, das / dass ich schon fast wieder normal sehen kann und das / dass die Schmerzen in meinem Kopf und meinem Bein langsam nachlassen. Unser Lagerleiter hat mir versprochen, das / dass ich morgen bestimmt am Pfeil- und Bogenwettbewerb teilnehmen kann. Ich hoffe, das /dass ihr mir die Daumen haltet!

Euer euch liebender Sohn

Welche Ersatzwörter sind zu hören?

4 **HB 21:** Kontrolliere nun dein Ergebnis, indem du dir den Text genau anhörst!

5 **Training macht den Meister/die Meisterin** – Bilde jeweils vier Sätze mit diesen Wortgruppen in deinem Heft! Achte dabei auf die Satzstellung des Beispielsatzes!

Der Trainer hofft, dass seine Mannschaft gewinnen wird.

glauben, dass …. /dir versprechen, dass … /vermuten, dass … /fühlen, dass …

Das Spiel, das sie verloren haben, war wichtig.

Das Kind, das … /Das Boot, das … /Das Foto, das … / Das Hardy, das …

Das iPhone ist neu.

Das Haus … / Das Zimmer … / Das Auto … /Das Hotel …

Nun geht's los – Aufgaben für schlaue Köpfe!

1 **Sommer –**  **– Sonnenschein:** Bilde neue Wörter! ★★

2 Kreuze richtig an! ★★★

	Sg.			Pl.			Zeitformen			
	1. P.	2. P.	3. P.	1. P.	2. P.	3. P.	G	M	V	Z
ich ging	○	○	○	○	○	○	○	○	○	○
er hat gelacht	○	○	○	○	○	○	○	○	○	○
du wirst sehen	○	○	○	○	○	○	○	○	○	○
wir reisen	○	○	○	○	○	○	○	○	○	○
ihr wart	○	○	○	○	○	○	○	○	○	○
sie werden sein	○	○	○	○	○	○	○	○	○	○
ich bin gerannt	○	○	○	○	○	○	○	○	○	○
du weißt	○	○	○	○	○	○	○	○	○	○

3 Was könnte diese Wahrsagerin dir für die Zukunft voraussagen? Ergänze die Sätze! ★★★★★

Ich sehe,

du wirst ______________________________.

Oh, nein es werden Zwillinge sein.

Du wirst mit einem ______________________________.

Denn ein Zweier ist in Deutsch nicht gut genug für dich.
Außerdem sehe ich eine sportliche Karriere für dich. Beim

Wettrennen wirst du ______________________________.

Das wird deine erste Silbermedaille sein.

Nun geht's los – Aufgaben für schlaue Köpfe!

4 Versuche, dieses Gedicht trotz Lücken zuerst zu lesen! Dann schreibe die fehlenden **„das"** oder **„dass"** in die Kästchen hinein! ★★★

DAS Gedicht

Die Welt steht Kopf, ___ ist doch klar,
und zwar seitdem ___ DAS hier war.
___ Fische nun in der Badewanne schwimmen,
___ kann doch einfach nicht stimmen.
Klingt ___ nicht alles völlig verkehrt,
was uns ___ DAS hier alles beschert?
___ Radio, ___ bunte Bilder sendet,
___ Licht, ___ uns am Tage blendet,
___ Klopapier, ___ niemals endet,
sowie ___ Kätzchen, ___ uns frische Milch spendet,
___ es das nur gibt bei uns zuhaus',
___ ist doch grandios – durchaus.
___ ___ mir allerdings Spaß bereitet
und mich ___ DAS zu manch' Unsinn verleitet,
___ kannst du dir bestimmt denken,
doch ___ soll dich nicht vom Lernen ablenken.

Blitzlicht

	☀	☁	⚡
Ich kann zusammengesetzte Nomen bilden. (1)	○	○	○
Ich erkenne Zahl und Zeitform eines Verbs. (2)	○	○	○
Ich kann Sätze im Futur ergänzen. (3)	○	○	○
Ich beherrsche die das/dass-Schreibung. (4)	○	○	○

Alles rund um den Urlaub

Ein Besuch im Reisebüro

1 **HB 22:** Familie Weiliglang plant ihren Urlaub. Jeder hat andere Vorstellungen vom perfekten Urlaub. Zur Beratung suchen Sie ein Reisebüro auf. Als die Familie bei der Tür hereinkommt, wird sie schon von Frau Tudirgut, der Angestellten des Reisebüros „Verreis' mit uns", freundlich begrüßt. **Höre dir nun den Dialog im Reisebüro an!**

2 Welche Wünsche der Familienmitglieder konntest du aus dem Dialog heraushören? **Lies dir zuerst die Antwortmöglichkeiten durch und höre den Dialog ein zweites Mal! Kreuze dann für jedes Familienmitglied die drei richtigen Antworten an!**

Frau Weiliglang wünscht sich …

☐ Erholung ☐ Sport ☐ Vollpension ☐ Strand

Herr Weiliglang wünscht sich …

☐ All-Inclusive ☐ Sonnenschirm ☐ kurze Anreise ☐ Sauna

Tobias wünscht sich …

☐ Fitnesscenter ☐ eigenes Zimmer ☐ Pool ☐ Wasserrutsche

Anna wünscht sich …

☐ Teenie-Club ☐ Surfen ☐ Entspannung ☐ Disco

Zur Kontrolle höre den Dialog noch ein drittes Mal!

3 Welchen Urlaub schlägt Frau Tudirgut der Familie Weiliglang vor? **Kreuze an!**

☐ ****** Club Hotel Castell del Mar auf Mallorca:** Das Hotel bietet Ihnen große Familienzimmer mit zwei getrennten Räumen, aber auch Bungalows mit einer kleinen Küche. Sie können zwischen All-Inclusive und nur Frühstück wählen. Für die Freizeitgestaltung gibt es neben einer riesigen Poollandschaft auch einen privaten Strandabschnitt. Dort können die Gäste kostenlos Liegen und Sonnenschirme benutzen. Ebenso bieten wir auch für die sportlichen Gäste Tennis-, Segel- und Surfkurse an.

☐ ******* Hotel Tropica auf Kreta:** Dieses Hotel mit zehn komfortablen Zimmern liegt an einem der schönsten Sandstrände Kretas. Hier finden Sie Ruhe und Entspannung im Whirlpool und können anschließend Joga- und Pilatesstunden gegen Aufpreis buchen. Der Hausherr kümmert sich höchstpersönlich um die Verpflegung der Gäste. Heimische Spezialitäten der Region werden täglich frisch serviert.

☐ ****** Hotel Saphire in der Türkei:** Dieses mitten in der pulsierenden Metropole Ankara gelegene Hotel ist bekannt für den größten Indoorpool des Landes. Ein 1 000 m² großer Wellnessbereich mit Rutschen, Whirlpool und Heilwasserbecken verwöhnt die Gäste. Das Hotel verfügt selbstverständlich auch über einen Hamam. Massage, Maniküre und Pediküre können auf Anfrage im Spabereich gebucht werden.

4 **Kompromisse schließen – Ein Rollenspiel vorbereiten und aufführen.** Halte dich an die folgende Anleitung!

- Suche dir vier Mitschüler/innen, die mit dir einen Dialog erstellen und aufführen wollen!
- Dann sucht euch ein Angebot aus der Urlaubskiste aus!
- Erstellt anschließend einen kurzen Dialog im Reisebüro und spielt diesen zum Schluss der Klasse vor!

Tipps:
Wer mit wem in den Urlaub fährt, dürft ihr selbst entscheiden.
Es müssen aber immer fünf Rollen vergeben werden.
Denkt euch lustige Namen für eure Personen aus!

Informationen mit dem Internet einholen

recherchieren: nachforschen, ermitteln

Familie Weiliglang hat nun vor, nach Mallorca zu reisen. Aber Anna **recherchiert** noch im Internet nach weiteren Informationen und Fotos über das Hotel.

Ich wollte gerade im INTERNET SURFEN, um über die SUCHMASCHINE die URL zu finden, mit der ich auf die HOMEPAGE des Hotels gelange. Dort wollte ich über einen LINK zu einem DOWNLOAD der Bilder kommen. Den Tipp habe ich aus dem CHAT. Aber ich kann meinen BROWSER wieder einmal nicht nutzen, weil wir OFFLINE sind. Ich kann daher keine Verbindung zu unserem PROVIDER herstellen. Das WWW ist zwar eine tolle Erfindung, allerdings auch nur, wenn die Technik mitspielt.

Ist das Computerchinesisch? Was bedeuten all diese Fachbegriffe?

5 **Was gehört zusammen –** Setze die richtigen Ziffern zu den Erklärungen der Fachbegriffe!

1	INTERNET	☐	World Wide Web ist ein weltweites Netz, das es dem Benutzer ermöglicht, auf Homepages zuzugreifen.
2	SUCHMASCHINE	☐	Ort im Internet, um sich schriftlich in Echtzeit zu unterhalten
3	HOMEPAGE	☐	Programm, um gezielt Informationen recherchieren zu können
4	LINK	☐	automatische Weiterleitung auf eine weitere Homepage
5	CHAT	☐	Firma, die einen Zugang zum Internet gegen Bezahlung anbietet
6	PROVIDER	☐	Millionen von Computern, die miteinander verbunden sind (Netzwerk)
7	WWW	☐	Startseite eines Anbieters (auch Website)

6 Recherchiere nun selbst mit Hilfe des Internets die Bedeutung der noch fehlenden Fachbegriffe aus Annas computerchinesischem Text (SURFEN, URL usw.)! Erstelle dazu eine Übersicht in deinem Heft!

7 Nimm doch an dieser Internetrallye teil! Viel Spaß beim Surfen!

A. Wie heißt die Hauptstadt von Mallorca? ______________________

Gib den Suchbegriff „Mallorca Hauptstadt" in die Suchmaschine ein!

B. In welcher Hand hält die Freiheitsstatue die Fackel? ______________

Gib den Suchbegriff „Freiheitsstatue" ein und klicke auf „Bilder"!

C. Notiere die zwei erstgenannten Filme, die in diesem Monat für Schulgruppen angeboten werden!

____

____

Gib www.cinemagic.at ein! Gehe weiter zu → Kinderkino-Programm → Kino für Kinder

D. Wikipedia? Beantworte folgende Fragen stichwortartig mit Hilfe der Website!

1. Wann wurde Wikipedia gegründet? ______________________
2. Was ist Wikipedia? ______________________________
3. In wie viele Sprachen wird die Website übersetzt? __________
4. In welchen drei Sprachen wird diese Website am häufigsten aufgerufen?

   ______________ ______________ ______________

5. Wer sind die Autoren, die die Artikel für Wikipedia verfassen?

   ____

6. Wechsle nun auf die Kindersuchmaschine www.blinde-kuh.de! Klicke den **Button** „Spiele" an!

Viel Vergnügen beim Spielen!

Button: Schaltfläche, die mit der Maus angeklickt werden kann

Gedanken aufschreiben – sich erinnern – nachlesen

Damit ich mich entwickeln kann, brauchst du einen Computer oder einen Stift. Ich mache dann Sinn, wenn du regelmäßig an mir arbeitest. Du kannst mir all deine Geheimnisse anvertrauen, ich werde sie niemandem verraten. Achte deshalb darauf, dass ich als Datei verschlüsselt bin oder du mich als Notizbuch an einem geheimen Ort verwahrst. Vergiss niemals darauf, ein Datum anzuführen, damit du dich später beim Nachlesen an das Erlebte besser erinnern kannst.

Was bin ich? ______________________

1 Hier findest du verschiedene Textausschnitte. **Entscheide, um welche Textsorte es sich hier handelt! Setze dazu den entsprechenden Buchstaben vor die Textsorte!**

____ Gruselgeschichte

____ *Märchen*

_____ Gegenstandsbeschreibung

_____ Tagebucheintrag

A

Es war einmal mitten im Winter und die Schneeflocken fielen wie Federn vom Himmel herab, da saß eine Königin an einem Fenster, das einen Rahmen von schwarzem Ebenholz hatte, und nähte.

B

Es ist Halloween, Peter und seine ältere Schwester sind auf eine Party in einer alten, verfallenen Villa eingeladen. Das Haus steht schon seit vielen Jahren leer und sieht richtig unheimlich aus.

C

Donnerstag, 25. 05. 2015

Eben hat Mama mich hier im Krankenhaus besucht. Alle anderen dürfen noch nicht zu mir. Der Kiesling und der Mommsen auch nicht, obwohl ich es nett finde, dass beide sich nach mir erkundigt haben. Und alles nur wegen einer kleinen Gehirnerschütterung.

D

Die Kaffeetasse meiner Mutter ist aus Keramik. Sie ist etwa 12 cm hoch. Unten ist sie 5 cm breit, nach oben hin wird sie 2 cm breiter. Die Tasse hat einen geschwungenen Henkel, der mit roten Punkten verziert ist. Das Muster der Tasse besteht aus den Farben Orange und Braun.

Es gibt unterschiedliche Anlässe, um ein Tagebuch zu schreiben:

Schreibe morgens eine Zeile, in der du deinen Gefühlszustand beschreibst! Abends fasst du dann in einer Zeile deinen Tag zusammen.

Notiere jeden Abend vor dem Schlafengehen drei Momente des Tages, in denen du dankbar oder glücklich warst!

Schreibe an mehreren Tagen hintereinander 20 Minuten lang über ein Erlebnis, das dich sehr bewegt hat!

Notiere im Urlaub deine Eindrücke! Halte dabei fest, was du siehst und erlebst!

2 Eine weitere Form stellt das FERIENTAGEBUCH dar. Auch Rico wird im Buch „Rico, Oskar und die Tieferschatten" dazu angehalten, eines zu führen. **Lies seine Geschichte im Leseteil auf S. 76 und beantworte dazu folgende Fragen!**

Wer hatte die Idee, ein Ferientagebuch zu schreiben? ______________________

Was kann Rico mit einem Ferientagebuch verbessern? ______________________

Wie viele Seiten soll Rico schreiben? mindestens __________

Ein Textverarbeitungsprogramm hat eine Korrekturfunktion. Was bedeutet das?

____

Worüber soll Rico schreiben? ______________________

____

Wenn du selbst ein Ferientagebuch führen willst, dann halte dich an dieses **Rezept**.

REZEPT „Ferientagebuch"

1. Verwende das **Präteritum**, da du etwas erzählst, das schon geschehen ist!
2. Schreibe deine **Erlebnisse**, **Eindrücke** und **Gedanken** auf!
3. Versuche anfangs, täglich zu schreiben und dies zu einer fixen, von dir festgelegten Uhrzeit! Zum Schreiben reichen auch nur wenige Minuten.
4. Eine Gliederung in **Einleitung** – **Hauptteil** – **Schluss** ist unüblich.
5. Da es oft nicht leicht fällt, für dich selbst zu schreiben, hilft dir die Anrede „Liebes Tagebuch …" als Einstieg.
6. Damit du dich später beim Nachlesen einfacher erinnern kannst, notiere stets rechts oben den **Wochentag** und das **Datum**!
7. Du kannst auch Überschriften einfügen, um einen besseren Überblick zu erhalten. Diese Überschriften können einzelne Gedanken oder Höhepunkte eines Tages sein.

3 Warum Greg ein Tagebuch führt, erfährst du hier. **Nach dem Lesen überlege, warum du selbst eines schreiben könntest!**

SEPTEMBER

Dienstag

Zuerst will ich etwas klarstellen: Das sind meine Memoiren und KEIN Tagebuch. Ich weiß, auf dem Umschlag steht etwas anderes, aber als meine Mom das Ding besorgt hat, habe ich ihr EXTRA gesagt, nichts zu kaufen, auf dem „Tagebuch" steht.

Na toll. Wenn mich irgendjemand mit diesem Buch in der Hand erwischt, weiß ich genau, was mir blüht. Und dann will ich noch etwas klarstellen: Die Idee war von meiner MUTTER, nicht von mir.

Wenn sie glaubt, dass ich hier meine „Gefühle" oder so einen Quatsch reinschreibe, hat sie sich getäuscht. Erwartet also nicht, „Liebes Tagebuch" dies und „Liebes Tagebuch" das von mir zu hören.

Ich mache das überhaupt nur deswegen, weil ich später, wenn ich reich und berühmt bin, sicher was Besseres zu tun haben werde, als den ganzen Tag lang dämliche Fragen zu beantworten. Spätestens dann werden meine Memoiren sicher ganz nützlich sein.

Die Silbentrennung

1 Lies diese Textprobe aus dem Buch **„Susis geheimes Tagebuch und Pauls geheimes Tagebuch“** von Christine Nöstlinger!

SUSIS GEHEIMES TAGEBUCH
Das ist Susi. Zum Unterschied von den schreibfaulen Buben führen fleißige Mädchen ein Tagebuch. Es ist natürlich geheim! Deshalb darf keiner lesen, was drin steht. Absolut KEINER, verstanden? Das gilt auch für dich!

13. September
Jeden Donnerstag, wenn nicht Ferien sind, kommt der Ali zu mir. Den Donnerstag als Besuchstag hat sich der Ali deswegen ausgesucht, weil wir am Donnerstag immer Spinat haben. Der Ali liebt Spinat. Er isst netterweise sogar meinen Teller leer.

PAULS GEHEIMES TAGEBUCH
Das ist Paul. Zum Unterschied von den schreibfaulen Mädchen führen fleißige Buben ein Tagebuch. …

13. September
Morgen gehe ich nicht in die Schule. So wie ich ausschaue, braucht mich niemand zu sehen. Ich habe eine geschwollene Nase und eine dicke Unterlippe und ein blauviolettes Kinn. Weil dieser Ali unfair kämpft.

SILBEN

Silben sind die **kleinsten Lauteinheiten**, wenn du sprichst. Deshalb muss auch in jeder Silbe ein **VOKAL** vorhanden sein.

Beispiel: Salz-fass

Es hilft dir, die Anzahl der Silben zu erkennen, wenn du laut und deutlich sprichst.

2 **High five!** Klatsche gemeinsam mit deinem Sitznachbarn/deiner Sitznachbarin mit beiden Händen die Silben dieser Wörter ab!

Überlege dir fünf Wörter, die aus möglichst vielen Silben bestehen! Zur Überprüfung lässt du deinen Sitznachbarn/deine Sitznachbarin deine Silben klatschen und umgekehrt! Seid ihr euch unsicher, schlagt im Wörterbuch nach!

Regeln zur Silbentrennung

Regel 1

Wenn du ein **zusammengesetztes Wort** trennen willst, dann am besten in seine ursprünglichen Bestandteile.

3 Finde nun selbst drei Beispiele zu dieser Regel!

a) ______________ b) ______________ c) ______________

Regel 2

Steht ein **Konsonant** nach einem **Vokal**, so wird der Konsonant in die nächste Zeile geschrieben. Dies gilt auch für Zwielaute.

Beispiel: ru-fen lau-fen

ACHTUNG: ph, th, sch, ch und ck gelten dabei als ein Konsonant.

Beispiel: Zu-cker

ACHTUNG: Ein Vokal am Wortanfang darf nicht alleine stehen!

Beispiel: Abend

4 Trenne diese Wörter durch Striche richtig ab!

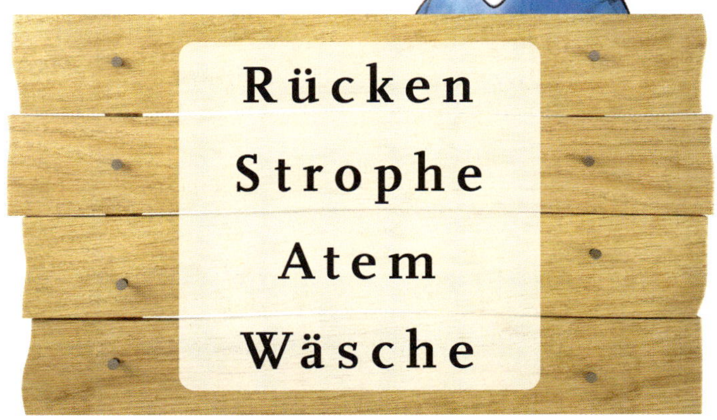

Regel 3

Wenn **zwei Konsonanten** aufeinander folgen, werden diese beim Abteilen voneinander getrennt.

Beispiel: Kas-ten

5 Kreuze an, welche Form der Silbentrennung richtig ist!

A	B	C	D	E
O El-tern	O ne-nnen	O O-nkel	O Kap-sel	O troc-knen
O Elt-ern	O nen-nen	O On-kel	O Kaps-el	O tro-cknen
O Elte-rn	O nenn-en	O Onk-el	O Ka-psel	O trock-nen

Treffen **mehrere Konsonanten** aufeinander, wird nur der letzte Konsonant in die nächste Zeile geschrieben.

Beispiel: freu**nd**-**l**ich

Regel 4

6 Male die ersten aufeinander folgenden Konsonanten mit (grünem Stift) an! Den letzten Konsonanten, der in die nächste Zeile kommt, kennzeichne mit (rotem Stift)!

KELLNER LERNTE
ZEHNTAUSEND
DUNKLE RANNTE

7 **Für Profis –** Trenne diese mehrsilbigen Wörter so oft wie möglich ab!

Essiggurke
Topfengolatschen
Fußballländerspiel
Buchstabenrätsel
Wasserleitungshahn
Saxofonspielerin
Müllverbrennungsanlagen
Lebensmittelkontrolleure
Marmeladebrot
Donaudampfschifffahrtsgesellschaftskapitän

Nun geht's los – Aufgaben für schlaue Köpfe!

1 **Wusstest du schon?** Recherchiere im Internet! ★★★

Deutsch für alle [ ] SUCHEN

A. Wie heißt die giftigste Schlange der Erde? ____________________

Auf welchem Kontinent ist sie heimisch? ____________________

Wie sieht sie aus? Kreuze an!

B. Stichwort „Mona Lisa". Wer hat das Bild gemalt? ____________________

Wie groß ist das Bild? __________ In welchem Museum hängt es? ____________________

C. Nenne die tiefste Stelle im Ozean! ____________________

Tiefe: __________ Wo? ____________________

D. In welcher Sportart machte sich Niki Lauda einen Namen? Kreuze an!

○ Radrennsport ○ Pferderennsport ○ Autorennsport ○ Hunderennsport

Wie oft wurde er Weltmeister? __________

E. Wer gewann für Österreich zum ersten Mal den Song Contest? ____________________

Wann? __________ Wo? __________ Titel des Liedes: ____________________

F. Wie heißt der größte Vogel der Welt? ____________________

Welches Ei stammt von ihm? Kreise dieses ein!

G. Wie heißt Europas größter Steppensee? ____________________

Wo? __________ Welcher See belegt den 2. Platz? ____________________

Nun geht's los – Aufgaben für schlaue Köpfe!

2 **Für EDV-Techniker/innen** – Setze die fehlenden Fachbegriffe als Überschrift ein! ★★

A
____
Internetadresse

B
____
Dateien aus dem Internet auf den eigenen Computer laden

C
____
Programm, um gezielt Informationen recherchieren zu können

D
____
Ort im Internet, um sich schriftlich in Echtzeit zu unterhalten

3 Welche Regel gilt bei welchem Beispiel? Verbinde mit Pfeilen und verwende ein Lineal dazu! ★★★★

Beispiel	Regel
Hütten-käse	Treffen mehrere Konsonanten aufeinander, wird nur der letzte Konsonant in die nächste Zeile geschrieben.
rech-nen	Wenn zwei Konsonanten aufeinander folgen, werden diese beim Abteilen voneinander getrennt.
tan-zen	Steht ein Konsonant nach einem Vokal, so wird der Konsonant in die nächste Zeile geschrieben.
le-sen	Zusammengesetzte Wörter werden am besten in ihre ursprünglichen Bestandteile geteilt.

4 Trenne diese Wörter ab, indem du Striche setzt! ★

Sommerzeit **Silbentrennung** **Mittelmeerkreuzfahrt**

Blitzlicht

Ich kann im Internet recherchieren. (1)	○	○	○
Ich kann Fachbegriffe ihren Erklärungen zuordnen. (2)	○	○	○
Ich kann Regeln zur Silbentrennung einem Beispiel zuordnen und praktisch anwenden. (3/4)	○	○	○

Die coole Schreibwerkstatt

Du im Bild

... und so funktioniert's

a) Alle in der Klasse verfassen auf einem kleinen Zettel einen Steckbrief von sich selbst: Körpergröße, Haar- und Augenfarbe, Gesichtsform, Lieblingsmusik, Lieblingsessen, Hobbys usw. Diese Stichwortzettel werden abgesammelt, gemischt und wieder ausgeteilt.

b) Nun stell dir die Person anhand des dir zugeteilten Stichwortzettels vor und verfasse eine kurze Beschreibung!

Beispiel:

Ich habe vor mir ein Bild mit einem Buben. Er ist 1, 45 m groß und er hat ...

c) Wenn du fertig bist, überreichst du deine Personenbeschreibung dem Beschriebenen. Du kannst auch als Draufgabe noch ein Bild dazu malen.

Faltgeschichte

... und so funktioniert's

a) Bildet zu zweit ein Team! Jeder/Jede schreibt mit Hilfe von Bild 1 vier Sätze auf ein A4-Blatt!

b) Dann faltet den oberen Teil des Papiers waagrecht so, dass vom geschriebenen Text nichts mehr zu sehen ist!

c) Tauscht nun eure Blätter aus und schreibt die Geschichte mit Hilfe des 2. Bildes weiter! (wieder ca. vier Sätze)

d) Das Spiel geht so von Partner/in zu Partner/in weiter, bis die Bildgeschichte fertig ist. Nun faltet die beiden Blätter auf und lest euch die so entstandenen zwei Faltgeschichten vor!

Der ideale Lehrer – die ideale Lehrerin

... und so funktioniert's

a) Jeder/Jede von euch bekommt ein Post-it. Auf dieses schreibt er/sie eine Eigenschaft, die einen idealen Lehrer oder eine ideale Lehrerin auszeichnen sollte.

b) Wenn du fertig bist, klebst du dein Post-it auf deinen Lehrer/deine Lehrerin. Wenn der Lehrer oder die Lehrerin voll mit Post-it's ist, werden die einzelnen Eigenschaften besprochen und die Post-it's an der Tafel gesammelt.

c) Wähle drei Eigenschaften aus und begründe, weshalb dir diese besonders wichtig sind!

Schafft es euer Lehrer oder eure Lehrerin, bis zum Schulschluss zum idealen Lehrer oder zur idealen Lehrerin zu werden?

Bingo-Nacherzählung

... und so funktioniert's

a) Lass dir von einem Partner oder einer Partnerin eine kurze Geschichte (eine Seite) aus dem Leseteil zwei Mal vorlesen! Während du eine Nacherzählung schreibst, erstellt dein Partner/deine Partnerin einen Stichwortzettel mit mindestens 20 Wörtern zu dieser Geschichte.

b) Er/Sie liest in der zweiten Spielphase langsam die Stichwörter vor. Währenddessen kontrollierst du in deinem Aufsatz, ob die vorgelesenen Stichwörter vorkommen. Markiere diese! Wenn du zehn Wörter hast, rufst du „BINGO!" und hast gewonnen. Dann wechselt die Rollen!

Mini-Märchen

... und so funktioniert's

a) Für das Minimärchen brauchst du lediglich einen kleinen Zettel. Auf diesen schreibst du insgesamt vier Sätze nach diesem Muster.

Es war einmal ...	*Es war einmal ein Bleistift.*
Diese/Dieser ...	*Dieser lag oft faul auf dem Tisch herum.*
Doch eines Tages ...	*Doch eines Tages kam der Spitzer.*
Da ...	*Da flüchtete der Bleistift vor dem Spitzer und sprang in das Federpennal.*

b) Du kannst nun dein Minimärchen auf ein größeres Blatt Papier kleben und es mit einem Rahmen oder Bildern verzieren.

Hausgeschichte

... und so funktioniert's

a) Jeder/Jede in der Klasse schreibt eine Geschichte, in der ein Haus im Mittelpunkt steht. Der Inhalt der Geschichten kann spannend, gruselig, lustig oder ganz alltäglich sein. Ihr habt die Wahl!

b) Die Geschichten werden anschließend in der Klasse bewertet. Dabei hilft euch dieser Raster:
– Gibt es eine Einleitung, einen Hauptteil, einen Schluss?
– Entwickelt sich die Geschichte in einem Spannungsbogen, der zu einem Höhepunkt führt?
– Entspricht die Geschichte der gewählten Darstellungsform (spannend, gruselig usw.)?

Blick ins Buch

NACHWORT: „Wir pfeifen auf den Gurkenkönig“ von *Christine Nöstlinger*

Falls es noch irgendjemand interessiert: Der Papa ist wieder gesund. Nur manchmal hat er noch Kopfweh. Jetzt sitzt er gerade im Wohnzimmer, streitet mit dem Opa darüber, wer von ihnen die bessere Zeitung abonniert hat. …

Da hat mir der Papa leid getan. Ich habe gesagt, aber nicht direkt zum Papa, sondern einfach so zum Fenster hinaus: „Der Nik hat den Gurkinger abserviert! Ein für alle Mal!“ …

Mehr über eine Autorin

Christine Nöstlinger wurde 1936 in Wien geboren. Sie entdeckte die Freude am Schreiben und veröffentlichte 1970 ihr erstes Kinderbuch „Die feuerrote Friederike“. Ihre Kinder- und Jugendbücher werden auch von vielen Erwachsenen gerne gelesen.

Buchtipps: Bestseller von Christine Nöstlinger

1. **Konrad oder Das Kind aus der Konservenbüchse**
2. **Susis geheimes Tagebuch**
3. **Pudding Pauli deckt auf**

„Die Wilden Fußballkerle – Leon der Slalomtribbler“ von *Joachim Masannek*

KOMMENTAR: Bronny, 10 Jahre

Das Buch ist sehr gut geschrieben und auch sehr, sehr spannend. Der dicke Michi und seine Jungs haben den Fußballplatz besetzt. Um ihn wieder zurückzuerobern, müssen die Wilden Fußballkerle ein Spiel gegen die älteren Jungs gewinnen. Deshalb suchen sie dringend nach einem Spitzentrainer. Mir hat jedes Kapitel wirklich gut gefallen. Da ich gerne Fußball spiele, kann ich es allen Fußballbegeisterten empfehlen. Es ist mein Lieblingsbuch geworden! Ich werde mir noch die anderen Bände besorgen und lesen.

LESEPROBE: „Rico, Oskar und die Tiefenschatten“ von *Andreas Steinhöfel*

Rico beschreibt sich selbst:

Ich sollte an dieser Stelle wohl erklären, dass ich Rico heiße und ein tiefbegabtes Kind bin. Das bedeutet, ich kann zwar sehr viel denken, aber das dauert meistens etwas länger als bei anderen Leuten. An meinem Gehirn liegt es nicht, das ist ganz normal groß. Aber manchmal fallen ein paar Sachen raus, und leider weiß ich vorher nie, an welcher Stelle. Außerdem kann ich mich nicht immer gut konzentrieren, wenn ich etwas erzähle. Meistens verliere ich dann den roten Faden, jedenfalls glaube ich, dass er rot ist, er könnte aber auch grün oder blau sein, und genau das ist das Problem.

Blick ins Buch

LESEPROBE: „Mouseheart – Die Prophezeihung der Mäuse“
von *Lisa Fiedler*
Vor einiger Zeit in den Tunneln unterhalb von Brooklyn, New York
Der junge Rattenprinz wusste, dass er ein gewaltiges Risiko einging. Sein Vater, der Kaiser, würde toben, falls dieser je erfuhr, dass er sich in das Große Jenseits hinausgewagt hatte. …

… Doch auf einmal flog die Tür auf. Die Glocke klingelte wie verrückt, und ein kalter Windstoß fegte herein. Ein schlaksiger Junge, der eine lässige Wollmütze und eine schwarze Jacke trug, stand im Eingang. …
Aber am schlimmsten war das lange, glitschige, abscheuliche Ding, das er um den Hals liegen hatte.
Hoppers Herz wummerte, und das Blut gefror ihm in den Adern, während ein einziges Wort auf seiner Zunge zitterte.
Schlange!

Klick ins Buch

a) Suche in einer Bibliothek nach der neuesten Ausgabe der Guinness World Records!

b) Dann wähle drei Beiträge aus und stelle diese der Klasse vor! Begründe auch deine Auswahl!

GRÖSSTE KÄUFLICH ERHÄLTLICHE PIZZA
In Los Angeles (USA) gibt es eine Riesenpizza mit 1,37 m² zum Preis von 145 € zu kaufen. Die Pizza reicht für 100 Personen und muss 24 Stunden vorher bestellt werden.

FILMREKORDE
Die Eiskönigin – völlig unverfroren: Dieser Streifen gilt mit 805 Mio. Euro Einspielergebnis als erfolgreichster Animationsfilm.
Walt und Oscar: Walt Disney hält bis heute mit 26 gewonnen Oscars den Rekord für die meisten Oscars.

KLEINSTER HUND
Die Chihuahua-Hündin namens Milly ist mit 9,65 cm der kleinste Hund der Welt. Als Welpe passte sie auf einen Teelöffel und wurde mit einer Pipette gefüttert.

GRÖSSTES BUCH
2013 gestaltete Samsung Electronics in Berlin ein Fotografie-Buch von ca. 5 x 8 m Größe. Das 16-seitige Buch enthält insgesamt 28 000 Fotos, die über Facebook an Samsung geschickt wurden.

Domino-Check

Schneide die Dominosteine aus und mische sie! Lege sie anschließend so aneinander, dass immer zwei Teile zusammenpassen!

Start	
Münchhausen	Wort mit -s-
den Prinz	Wort mit -ss-
PRÄSENS	Stra☺e
3. Fall	
Der Froschkönig	DATIV
PERFEKT	witzig
Ga☺e	er las
Wort mit -ß-	
Die Schildbürger	AKKUSATIV
nie☺en	GEGENWART
Till Eulenspiegel	hat geschummelt
Eigenschaftswort	
PRÄTERITUM	Ende

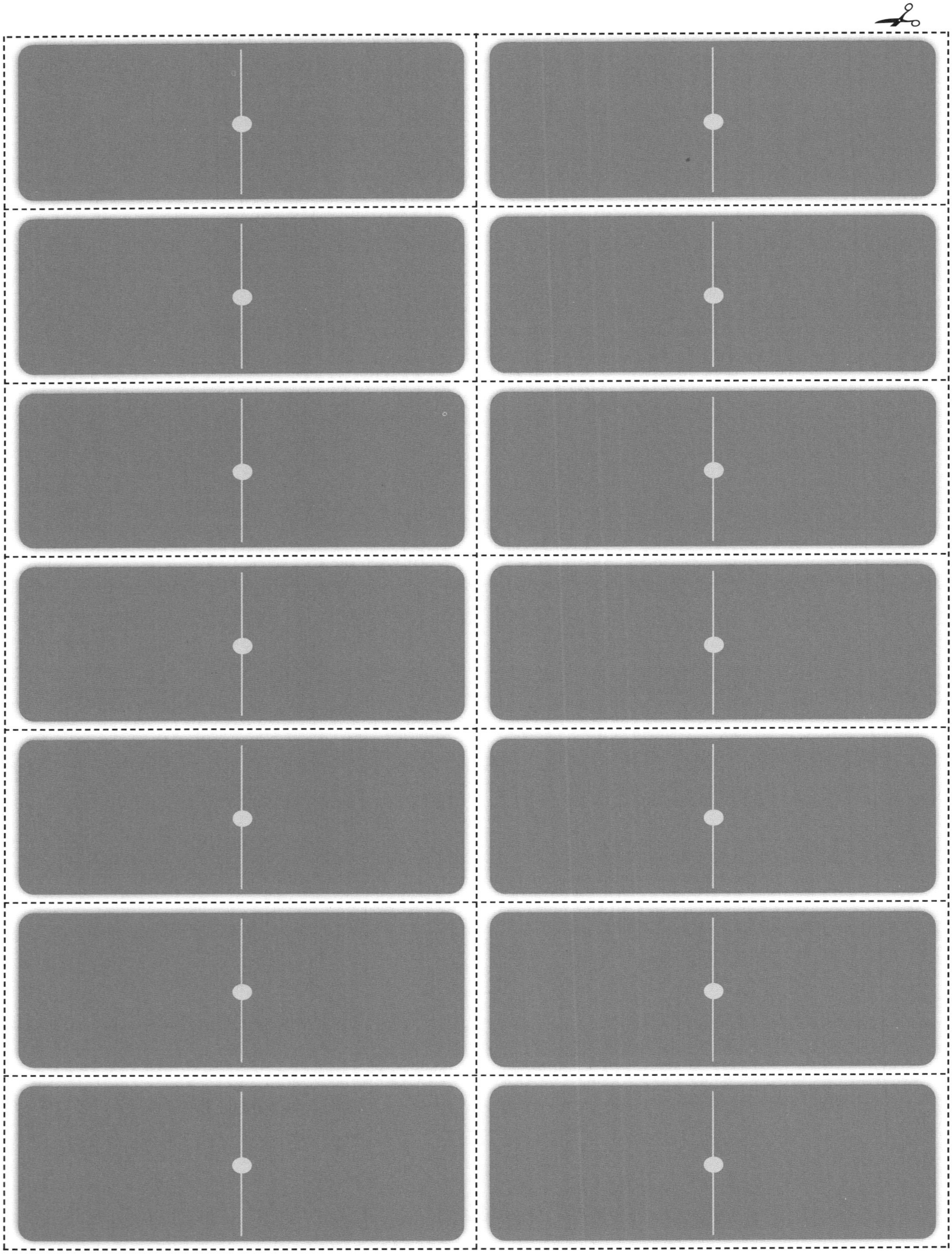

Behalte den Überblick

Diese Tabelle soll dich dieses Jahr begleiten. **Immer, wenn du etwas Neues in der Grammatik lernst, trage diese Begriffe mit Beispielen gewissenhaft in diese Tabelle ein!**

FACHBEGRIFF	ÜBERSETZUNG	BEISPIEL(E)

Behalte den Überblick

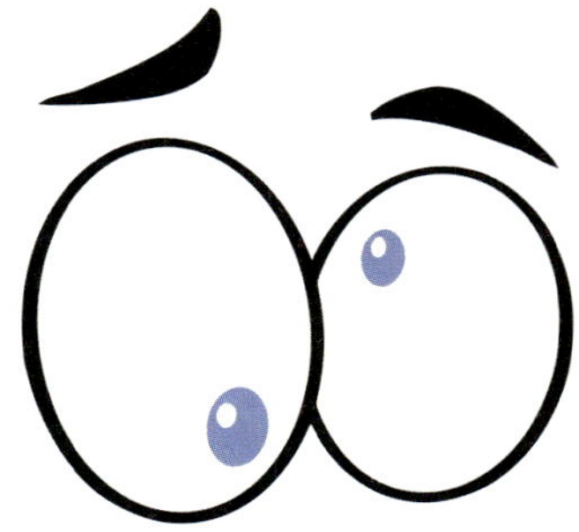

FACHBEGRIFF	ÜBERSETZUNG	BEISPIEL(E)

Lerncoach: 100 wichtige unregelmäßige Verben

befehlen	befahl	befohlen	gehen	ging	gegangen
beginnen	begann	begonnen	gelingen	gelang	gelungen
beißen	biss	gebissen	geschehen	geschah	geschehen
biegen	bog	gebogen	gewinnen	gewann	gewonnen
bieten	bot	geboten	gießen	goss	gegossen
binden	band	gebunden	graben	grub	gegraben
bitten	bat	gebeten	greifen	griff	gegriffen
bleiben	blieb	geblieben	haben	hatte	gehabt
brennen	brannte	gebrannt	halten	hielt	gehalten
bringen	brachte	gebracht	hängen	hing	gehangen
denken	dachte	gedacht	heben	hob	gehoben
dürfen	durfte	gedurft	heißen	hieß	geheißen
empfehlen	empfahl	empfohlen	helfen	half	geholfen
erschrecken	erschrak	erschrocken	kennen	kannte	gekannt
essen	aß	gegessen	kommen	kam	gekommen
fahren	fuhr	gefahren	können	konnte	gekonnt
fallen	fiel	gefallen	kriechen	kroch	gekrochen
fangen	fing	gefangen	lassen	ließ	gelassen
finden	fand	gefunden	laufen	lief	gelaufen
fliegen	flog	geflogen	leihen	lieh	geliehen
fliehen	floh	geflohen	lesen	las	gelesen
fließen	floss	geflossen	liegen	lag	gelegen
fressen	fraß	gefressen	lügen	log	gelogen
frieren	fror	gefroren	meiden	mied	gemieden
geben	gab	gegeben	messen	maß	gemessen

Lerncoach: 100 wichtige unregelmäßige Verben

mögen	mochte	gemocht	singen	sang	gesungen
müssen	musste	gemusst	sitzen	saß	gesessen
nehmen	nahm	genommen	sollen	sollte	gesollt
nennen	nannte	genannt	sprechen	sprach	gesprochen
pfeifen	pfiff	gepfiffen	springen	sprang	gesprungen
raten	riet	geraten	stehen	stand	gestanden
reiben	rieb	gerieben	stehlen	stahl	gestohlen
reißen	riss	gerissen	steigen	stieg	gestiegen
reiten	ritt	geritten	streichen	strich	gestrichen
rennen	rannte	gerannt	streiten	stritt	gestritten
riechen	roch	gerochen	tragen	trug	getragen
rinnen	rann	geronnen	treffen	traf	getroffen
rufen	rief	gerufen	treten	trat	getreten
scheinen	schien	geschienen	trinken	trank	getrunken
schieben	schob	geschoben	tun	tat	getan
schießen	schoss	geschossen	vergessen	vergaß	vergessen
schlafen	schlief	geschlafen	verlieren	verlor	verloren
schlagen	schlug	geschlagen	wachsen	wuchs	gewachsen
schließen	schloss	geschlossen	waschen	wusch	gewaschen
schneiden	schnitt	geschnitten	werden	wurde	geworden
schreiben	schrieb	geschrieben	werfen	warf	geworfen
schreien	schrie	geschrien	wissen	wusste	gewusst
schwimmen	schwamm	geschwommen	wollen	wollte	gewollt
schwören	schwor	geschworen	ziehen	zog	gezogen
senden	sandte	gesandt	zwingen	zwang	gezwungen

Sag an!

Diktate für das ganze Jahr! **Lass dir diese einfach von jemandem diktieren (Eltern, Freund/innen, Mitschüler/innen usw.)!** So wirst du zum Rechtschreibmeister/zur Rechtschreibmeisterin.

Nominalisierung

A. **Das Lachen** fällt mir heute schwer, ist mir doch gestern **etwas Schlimmes** passiert: Um Mitternacht, als alle schliefen, begann **das Grübeln**. An Schlaf war nicht zu denken, **manch Unsinniges** ging mir durch den Kopf. Weder **das Zählen** von Schäfchen noch **das Lesen** von Comics brachte den gewünschten Erfolg. Noch **im Liegen** war mir klar, Ablenkung musste her. Der neue Fernseher war schnell eingeschaltet. Als ich so **beim Schauen** war, hörte ich plötzlich **das Klingeln** meines Handys.

B. Eine unheimliche Stimme meldete sich und sprach: „Mein Junge! Du stehst unter Beobachtung! Schalte sofort **beim Verlassen** des Wohnzimmers das Gerät aus!" Zitternd machte ich mich auf den Weg und hörte **etwas Ungewöhnliches**, nämlich **ein** lautes **Atmen**. **Beim** vorsichtigen **Betreten** meines Zimmers staunte ich nicht schlecht. Mit dem Handy in der Hand stand mein Vater etwas verärgert mitten im Raum. Diese Nacht hatte **nichts Gutes** für mich gebracht. Am nächsten Tag war ich **zum Geschirrspülen** eingeteilt.

Doppelkonsonanten

A. Man fand den Mann, der die Schafe hütete, mit dem lahmen Lamm in der Hütte.
Der Friseur kam mit dem Kamm in die Kammer, redete ohne Punkt und Komma und fiel sodann ins Koma.
Statt Ratten auf dem Land frisst der Kater Dosenfutter in der Stadt.
Der Jäger trifft den Widder beim Joggen wieder.
Die Welle bleibt nie auf der gleichen Stelle.
Wenn die Katze auf der Matratze Platz nimmt, stürmt ihr Herrchen in das Zimmer.
Wen findet man auf dem Acker? Keine Giraffe, keine Forelle, keinen Affen, dafür aber Hase und Igel, die um die Wette rennen.
Das Paket wurde als Päckchen mit dem Koffer verschickt.

B. Übung macht den Meister!
Schutt mit dem **Bagger** ausheben * **galoppierende** Pferde * Hausübungen **kontrollieren** * Seiten **nummerieren** * **Schnitzel backen** * einen **Arzt** aufsuchen * mit **Lockenwicklern** in das **Bett** * **Horrorfilme** schauen * **Koffer packen** * von der Schaukel **fallen** * den **schmutzigen Löffel schrubben** * in die Grube **stürzen** * den **Apparat** reparieren

Dehnung: Doppelvokale

Unglaublich, aber wahr!

Vierblättriger **Klee** bringt Glück.
Ein **Boot** ist kleiner als ein Schiff.
Das größte **Meer** ist der Pazifische Ozean.
Der Zitter**aal** verteidigt sich mit Stromschlägen.
Blonde haben weniger **Haare** als Schwarzhaarige.
Zu den **Beeren** zählt auch die Banane.
Seit 1927 schreibt man die **Waage** mit Doppel-a.
Der tiefste **See** ist der Baikalsee.

Nur die männlichen **Schnee**-Eulen haben ein weißes Federkleid.
Der teuerste **Kaffee** wird zuerst von Katzen gefressen.
Tee wurde früher für gesundheitsschädlich gehalten.
Das Wort **Shampoo** kommt aus dem Indischen.

Dehnung: -ie und h

A. An Tagen wie diesen:

Alex ist wieder in Wien.
Ziemlich verwirrt steigt sie in den falschen Bus.
Dort riecht es widerlich nach alten Ziegen.
Und wieder einmal wird sie kontrolliert.
Als Alex wider Erwarten ihre Fahrkarte nicht findet, wiederholt der Kontrolleur seine Aufforderung.
Da sie nun widerrechtlich den Bus benutzt, steigt sie ohne viel Widerrede aus.
Sie zieht ihre Geldtasche heraus und bezahlt widerwillig siebzig Euro Strafe.
Alex hofft, dass ihr so etwas nie wieder passiert.

B.
ins **Ohr** flüstern * **während** des Unterrichts * **allmählich** * den Wein **empfehlen** * ein mieses **Gefühl** haben * **ziemlich** * **persönlich** vorsprechen * wir **kamen** * **ihn** in Innsbruck treffen * Pfeffer **mahlen** * **mehr** Geld verdienen * die tiefe **Höhle**

Die s-Schreibung

A. Übung macht den Meister

Esel lesen * Tassen küssen * Gras reißen * Rosen verspeisen * heißes Eis * den Rasen beißen * blasse Flüsse * Kreise schmeißen * Riesen gießen * Nüsse schießen * Füße passen * Fässer stoßen * leises Rosa * Erbsen vergessen * außen Geheimnisse * Sessel lösen * langsam sausen * grausamer Ausweis

B. Lass es uns wissen!

essen – aß * messen – maß * lassen – ließ * vergessen – vergaß

---

beißen – biss * genießen – genoss * gießen – goss * reißen – riss * schießen – schoss * schmeißen – schmiss * saß – gesessen

---

blies * las * Lass es! * heißen * musste * wusste

Verfasse doch auch Sätze mit den Wortkombinationen aus Übung A. oder sogar einen zusammenhängenden Text! **Beispiel:** Dass Esel lesen oder Tassen küssen können, behauptet nur ein Narr.

Dass Dummheit auch Folgen hat, das zeigt dir diese Geschichte:

A. Dass die Schildbürger keine Katze kannten, das ist schwer zu glauben, aber wahr. Das führte dazu, dass die Mäuse in Schilda immer mehr wurden. Eines Tages geschah es, dass ein Wanderer mit einer Katze in Schilda eintraf. Sie kamen überein, dass dieser ihnen das Tier verkaufen sollte. Das musste nicht einmal ein geschickter Jäger sein, da die Mäuse sehr zutraulich waren. Der Wanderer durfte aber die Stadt nicht verlassen, ohne dass er ihnen verriet, was denn so eine Katze noch außer Mäusen fressen würde. „Das ist einfach“, rief er, „nur Speck frisst sie nie!“

B. „Nur Menschen und Vieh“, verstanden hingegen die Bürger von Schilda und das erschreckte sie. Die Schildbürger glaubten, dass ihr letztes Stündlein geschlagen hätte. Verzweifelt suchten sie das Tier, das sich ins Rathaus verkrochen hatte. Das führte dazu, dass sie das Rathaus in Brand steckten. Das Feuer brachte die Katze dazu, dass sie auf das benachbarte Dach sprang. Die Schildbürger aber steckten ein Haus nach dem anderen in Brand, sodass am nächsten Morgen Schilda in Schutt und Asche lag.

TEXTQUELLEN

Seite 13: Kinney, Jeff: Gregs Tagebuch. Von Idioten umzingelt! Ein Comic-Roman. Baumhaus Verlag GmbH (2008), S. 4 – 5

Seite 23: Jand, Ernst: ottos mops. In: aus dem wirklichen Leben. Gedichte und Prosa Sammlung. Luchterland Literatur Verlag GmbH (2001), S. 7.

Seite 33: Anger-Schmidt, Gerda: Ich und meine Flammlilie. In: Anger-Schmidt, Gerda: Sei nicht sauer, meine Süße. Sauerländer (2009), S. 26 – 27.

Seite 55/9: Fisch-Witz. Aus: http://www.kidsnet.at/Unterhaltung/witz.htm (2. 2. 2015).

Seite 60/5: Steinwart, Anne: Schlaflied. Aus: http://www.schulzens.de/Grundschule/Allgemeines/Gedichte_2/gedichte_2.html#GoldeneWelt (4. 2. 2015).

Seite 62/5: Eigendarstellung: Ein Pakt mit dem Teufel. Nach: https://de.wikipedia.org/wiki/Jack_O%E2%80%99Lantern (7. 3. 2015)

Setei 68/3: Eigendarstellung: Was ist eine Eselsbrücke. Nach: https://de.wikipedia.org/wiki/Merkspruch (5. 4. 2015).

Seite 70/1: Hunter, Erin: Warrior Cats. In die Wildnis. Beltz&Gelberg (2010), S. 9.

Seite 77/5: Bearbeitet nach: Die Geschichten des Nasreddin Hodscha – Billige Esel. Aus: http://www.hekaya.de/maerchen/die-geschichten-des-nasreddin-hodscha--asien_132.html (26. 5. 2015).

Seite 78: Busch, Wilhelm: Die kleinen Honigdiebe. Aus: http://gutenberg.spiegel.de/buch/die-kleinen-honigdiebe-4177/1 (27. 5. 2015).

Seite 78/1: Bearbeitet nach: Busch, Wilhelm: Die kleinen Honigdiebe. Aus: http://gutenberg.spiegel.de/buch/die-kleinen-honigdiebe-4177/1 (3. 2. 2016).

Seite 83/1: Der allwissende Turban. Bearbeitet nach: http://www.hekaya.de/maerchen/die-geschichten-des-nasreddin-hodscha--asien_132.html (28. 5. 2015)

Seite 83/2: Ausschnitte aus: Busch, Wilhelm: Die Bildergeschichten. Gondrom Verlag (2002), S. 29/31/33/40/42.

Seite 92/1: Text 1: Erstellt nach: http://www.spiegel.de/panorama/gesellschaft/jahrzehnt-des-hoaxing-unglaublich-aber-falsch-a-666310-5.html (6. 6. 2015).

Text 2: Erstellt nach: https://www.welt.de/vermischtes/article126811561/460-000-Bienen-auf-einem-Mann.html (6. 6. 2015)

Text 3: Erstellt nach: http://www.weltderwunder.de/artikel/schlafen-pferde-im-stehen (6. 6. 2015)

Text 4: Erstellt nach: http://www.katzen-fieber.de/genetik-bei-katzen.php (6. 6. 2015).

Seite 95/7: Äsop: Der Wolf im Schafspelz. Bearbeitet nach: http://www.fabelnundanderes.at/aesop_4.htm#Der_Wolf_im_Schafspelz (3. 7. 2015).

Seite 97: Erstellt nach: Kästner, Erich: Wie Eulenspiegel einem Esel das Lesen beibrachte. In: Erich Kästner erzählt. Dressler (2013), S. 42

Seite 101: Erstellt nach: Kästner, Erich: Wie Eulenspiegel die Kranken heilte. In: Erich Kästner erzählt. Dressler (2013), S. 27.

Seite 104/6: Bearbeitet nach: Bote, Hermann: wie ein Holländer aus einer Schüssel einen gebratenen Apfel aß, darein Eulenspiegel ein Brechmittel getan hatte. Aus: http://gutenberg.spiegel.de/buch/till-eulenspiegel-1936/86 (20. 7. 2015).

Seite 105f: Bearbeitet nach: Kästner, Erich: Die Schildbürger bauen ein Rathaus. In: Erich Kästner erzählt. Dressler (2013), S. 186 – 194.

Seite 116: Bote, Hermann: wie Eulenspiegel in einen Bienenkorb kroch, zwei Diebe in der Nacht kamen und den Korb stehlen wollten und wie er es machte, daß die beiden sich rauften und den Bienenkorb fallen ließen. Aus: http://gutenberg.spiegel.de/buch/till-eulenspiegel-1936/10 (30. 7. 2015).

Seite 119/1: Bearbeitet nach: Brüder Grimm: Die Bremer Stadtmusikanten. In: Grimms Märchen. Kinder- und Hausmärchen, gesammelt durch die Brüder Grimm: Dörfler Verlag (o.J.), S. 111/51/302/97.

Seite 121/5: Erstellt nach: Brüder Grimm: Rapunzel. In: Grimms Märchen. Kinder- und Hausmärchen, gesammelt durch die Brüder Grimm: Dörfler Verlag (o.J.), S. 50 – 53.

Seite 125/1: In: Boese, Cornelia: Ich Glückspilz! rief vergnügt der Hans. Grimms Märchen in Gedichten, Buchverlag Peter Hellmund (2012), S. 11/52/105/171/32/14.

Seite 130/2: Erstellt nach: Aladdin und die Wunderlampe. Aus: http://www.labbe.de/lesekorb/index.asp?themaid=92&titelid=721 (25. 8. 2015).

Seite 132: Erstellt nach: Die Geschichte von Ali Baba und den vierzig Räubern. Aus: http://www.labbe.de/lesekorb/index.asp?themaid=92&titelid=720 (25. 8. 2015).

Seite 135: Erstellt nach: Des Kaisers neue Kleider. Aus: https://de.wikipedia.org/wiki/Des_Kaisers_neue_Kleider (28. 8. 2015)

Seite 157/3: Kinney, Jeff: Gregs Tagebuch. Von Idioten umzingelt. Baumhaus Verlag (2008), S. 1.

Seite 158: 1. Textstelle: Nöstlinger, Christine: Susis geheimes Tagebuch. Deutscher Taschenbuch Verlag (2015), S. 20/17.

BILDQUELLEN

arsEdition GmbH: 11/4, 71/7

Bastei Lübbe: 11/3, 13/3

Bonnier Media Deutschland GmbH: 165/5

Carlsen Verlag: 71/6

Christian Monyk: 93/1, 128/3, 128/3

clipart.com: 39/16, 39/17, 39/18, 39/19, 39/20, 39/21, 39/22, 39/23, 39/24, 39/25, 39/26, 56/1, 56/7, 59/31, 59/32, 62/2, 62/3, 67/2, 69, 106, 132/1

Deutscher Taschenbuch Verlag GmbH & Co. KG: 71/2, 165/4

Egmont Verlagsgesellschaften mbH: 166/2

Fischer KJB: 11/2

Getty Images: 129/2

Gulliver von Beltz & Gelberg: 11/5, 71/3

Hans-Jürgen Press: 85/2

HOFFMANN UND CAMPE VERLAG GmbH: 166/3

Internet: 34/2, 35/6, 35/7, 40/2, 48/7, 50/4, 73/2, 73/4, 92/1, 105, 108/2, 167/3

Julius Beltz GmbH & Co. KG: 71/5

Kinderbuchverlag Wolff: 11/6

Raoul Krischanitz: 4/1, 16/1, 16/2, 18/1, 21, 27/2, 28/1, 28/2, 28/3, 29/1, 38/7, 41/1, 43/1, 44/12, 49/1, 49/3, 50/1, 53/2, 54/1, 57/1, 64/3, 65/1, 66/1, 79/1, 87/2, 88/1, 89/2, 91/2, 97/1, 97/3, 97/4, 98/1, 100/1, 101/1, 101/2, 102/2, 102/3, 109/3, 110, 113/1, 115/3, 116/1, 116/4, 129/1, 131/2, 136/2, 139/2, 148/1, 149/1, 158/1, 158/2, 159/2, 160/1

Ravensburger Verlag: 94/1, 163/4

Rowohlt Verlag GmbH: 165/2

Thienemann-Esslinger Verlag GmbH: 71/4

Thinkstock: 22/1, 22/2, 23/1, 25/2, 25/4, 25/6, 25/7, 26/2, 27/1, 33/1, 34/4, 35/1, 35/3, 35, 38/4, 39/2, 39/3, 39/6, 39/7, 39/9, 39/10, 39/12, 39/15, 42/4, 42/5, 43/3, 44/6, 44/7, 44/8, 44/11, 48/1, 48/3, 48/5, 50/2, 53/6, 53/13, 55/1, 55/5, 58/1, 59/3, 59/11, 59/15, 59/16, 59/23, 59/24, 59/26, 59/29, 61/1, 62/4, 64/2, 66/3, 73/1, 74, 75/2, 85/3, 86/1, 95/3, 108/1, 113/2, 114/1, 114/6, 114/13, 115/2, 117/5, 122/2, 128/2, 129/4, 129/5, 135/2, 137, 143/3, 145/2, 145/5, 154/1, 157, 165/3, 167/2, _human: 43/2, 109/1, agawa238: 138/2, Agika-design: 124/3, AidarZ: 34/3, alexcoolok: 99/1, Alexey Bannykh: 17/2, AlexeyGfi: 72/4, Alexeyzet: 53/11, 59/7, alexis84: 147/6, anatols: 38/6, Andres Rodriguez: 164/1, angi71, 75/1, AnnaRassadnikova: 102/1, antonbrand: 56/8, 56/9, Antonis Papantoniou: 56/4, anzlyldrm: 40/1, aqabiz: 44/9, ashusha: 97/2, ayax: 67/1, bandian1122: 91/1, 99/2, 99/3, 99/4, 139/1, bergamont: 62/1, BerndtHH: 35/4, BezlMarina: 114/10, broken3: 98/2, bubaone: 10, caraman: 125/4, Carla Donofrio: 61/2, ChrisGorgio: 120/1, 124/1, 133/1, 173/1, 174/3, 175/1, cisale: 75/6, clairevis: 37/2, 44/2, 47/4, 60/2, 132/2, clemensposch: 53/5, colematt: 17/1, 31/2, 44/3, 44/5, 55/2, 75/5, 114/2, 114/11, 140/1, 143/1, Comstock: 153/1, Comstock Images: 51/2, 145/1, Creative_Outlet: 59/21, 120/4, 142/5, cthomarc: 174/1, d_gas: 117/1, damedeeso: 45/9, Daniel Cole: 75/3, Daniel Cole: 75/3, 124/2, DanielVil eneuve: 126/1, davorr: 6/1, 135/1, dcraw: 4/2, 44/14, 120/3, 122/1, 125/1, DedMazay: 3/6, 46, 47/3, 52, 57/2, 59/17, 59/19, 59/20, 59/30, 60/1, 61/3, 72/2, 72/5, 77/2, 93/2, 95/1, 95/2, 95/4, 95/5, 95/6, 100/2, 100/3, 103/1, 113/3, 114/3, 114/5, 114/7, 116/3, 117/4, 126/2, 136/1, 142/2, 149/2, 152/1, 160/2, 161/1, denis_pc: 125/2, denis13: 123/1, 138/1, DericoPhotography: 166/4, Derya Celik: 59/4, dimdimich: 55/7, doomko: 167/1, dorian2013: 73/3, Dorling Kindersley: 89/4, duxpavlic: 72/1, 72/3, dvarg: 59/8, Dynamic Graphics: 3/1, 5/1, 34/1, 37/1, 47/1, 81, 89/1, 154/2, Dynamic Graphics,2007: 96, egal: 147/2, Elena Duvernay 29/2, emregologlu: 153/5, FreeSoulProduction: 53/4, gbh007: 120/2, 163/1, 163/2, 163/3, George Doyle: 45/3, 147/3, George Doyle & Ciaran Griffin: 153/2, Glam-Y: 66/2, 114/9, gleolite: 129/3, GlobalP: 25/3, 42/1, Gorbovoi: 133/2, grynold: 48/4, hatman12: 25/1, HitToon: 3/2, 3/3, 3/3, 12/2, 20, 32, 49/2, 63/1, 89/3, 115/1, 116/2, 151/1, 164/3, 169, 170, ignasi_martn: 75/4, IgorZakowski: 18/2, iLexx: 56/2, ImageDB: 9/1, imagy: 117/2, Internet: 55/6, irska: 124/4, jara3000: 59/5, 59/28, Jbryson: 38/2, 45/2, jjpoole: 53/9, JoanWharton: 92/3, Jobalou: 59/10, jschwegel: 59/13, Juanmonino: 23/3, juliyabrux: 59/22, Jupiterimages: 53/1, 58/2, 121, 148/2, 150, ka2shka: 146/5, kameshkova: 90, KatyaGorelova: 152/2, kchungtw: 103/2, kev303: 51/1, KiroM: 125/6, 142/3, Korovin: 161/5, kovacevicmiro: 59/18, lada_design: 114/8, Lanutak: 118, LattaPictures: 154/3, lattesmile: 6/2, LeeDaniels: 72/7, len_pri: 53/10, 56/11, 59/1, LenLis: 39/8, lenny777: 34/5, LeventKonuk: 85/1, Liliya Kulianionak: 55/4, Linda Shannon: 3/4, 3/5, 48/6, lisafx: 38/1, Liubomyr Feshchyn: 56/13, liusa: 175/2, loco75: 147/4, Logorilla: 44/10, LoopAll: 53/8, 72/6, LuMaxArt: 56/10, macintroll2: 47/2, Mahno: 15, Maljuk: 55/3, malyugin: 38/3, mamaluky: 130/2, mammothis: 8/1, MariaTkach: 11/1, 71/1, 165/1, 166/1, mart_m: 35/2, 53/14, 59/6, martinspurny: 56/5, MaszaS: 146/2, McHenry: 49/4, McIninch: 82, mechanic: 45/1, memoangeles: 30, 53/3, 59/9, 68, 127/2, 127/3, 127/4, 127/5, 142/4, 175/3, mipan: 117/3, mohnschnecke: 44/1, Monkey Business Images Ltd: 145/3, monkeybusinessimages: 13/2, Moriz89: 141, Morphart: 44/13, 109/2, mosinmax: 146/3, Mr_Khan: 45/6, MrAdvertising: 134, murza08: 123/3, nale: 39/13, NatalyaAksenova: 92/4, NatalyArtworks: 55/8, Nelosa: 41/5, Ninell_Art: 159/3, Noel Hendrickson: 146/4, nuranvectorgirl: 48/2, ok-sana: 59/12, olesiabilkei: 146/6, OlgaYakovenko: 70, OlyaKomarova: 119/1, omgimages: 145/4, OtmarW: 42/6, paladaxar: 24, PaulFleet: 35/5, perrineweets: 39/4, Peter Galbraith: 53/12, PhotoObjects.net: 158/3, Picsfive: 41/3, 41/4, PicturePartners: 161/6, PIKSEL: 164/2, Polkan61: 54/2, Preto_perola: 145/7, robertsrob: 155/3, 84/1, 84/2, Roman Sigaev: 147/1, Roman_Gorielov: 9/2, 45/5, Roumoco: 142/1, ru_: 138/4, ryooota: 56/12, sababaJJ: 123/2, 125/5, 130/1, 144/1, Sashkinw: 56/6, 114/12, Sashsmir: 44/4, sasimoto: 33/2, Schondrienn: 127/1, s-dmit: 23/2, seamartini: 7, 63/2, 117/6, 155/1, Serafima82: 144/2, serdarduran: 77/1, SergiyN: 156, sergobolonkov: 140/2, 143/2, SerrNovik: 45/4, 45/7, ShannonToth: 39/1, 39/5, 39/14, shibanuk: 119/2, shironosov: 14/1, 146/1, Sivaraman Gopakumar: 59/25, skalapendra: 128/1, SketchFrenzy: 115/4, skynavin: 161/4, slava296: 153/4, ssstep: 26/1, Stockbyte: 25/5, Stoliarchuk Roman: 59/2, studioarz: 12/1, Surovtseva: 59/14, The_Pixel: 162, Tigatelu: 94/2, 173/2, Tijana87: 4/3, 147/7, tokuze: 50/3, TonisPan: 53/7, Tribalium: 39/11, ValuaVitaly: 41/2, 107/1, 107/2, 107/3, 145/6, Veronichka: 65/2, waldru: 131/1, Wavebreakmedia Ltd: 13/1, 14/2, 14/3, 31/1, 38/5, 114/4, wektorygrafika: 164/4, westernstudio: 153/3, Yaviki: 159/1, yayayoyo: 4/4, 8/2, 47/5, 64/1, 111, 124/5, 124/6, 151/2, 158/2, yelet: 125/3, YvanRoy23: 174/2, yyyahuuu: 147/5, Z-Art: 56/3, 59/7, ZoneCreative: 45/8, Zoonar RF: 155/2

Walter Schmögner, aus: Peter Hacks; Peter Schmögner (Illust.), Der Bär auf dem Försterball, © 2011 (2004) Eulenspiegel Verlag, Berlin: 86/2

Wikimedia commons: 3/7, 42/2, 42,/3, 87/1, 167/4, Tetris L: 161/2, Xlerate: 161/3

Wilhelm Busch: 78, 79/2, 80, 83, 88/2

XINHUA/Action Press/picturedesk.com: 92/2